AF192770

El Camino del Mar

Dios Uno y Trino

EDICIONES PALABRA
Madrid

© Antonio de la Torre Munilla, 2024
© Ediciones Palabra, S.A., 2024
Paseo de la Castellana 210 - 28046 MADRID (España)
Telf. (34) 91 350 77 20 - (34) 91 350 77 39
www.palabra.es
palabra@palabra.es

Diseño de colección: Raúl Ostos - Miguel J. Tejero
ISBN: 978-84-1368-370-6
Depósito Legal: M-8842-2024
Impresión: Gohegraf, S.L.
Printed in Spain - Impreso en España
Con licencia eclesiástica

Antonio de la Torre Munilla

El Camino del Mar

Dios Uno y Trino

En memoria de mi padre,
artesano de naves,
buscador de mares eternos.

Contenido

Contenido

Introducción

Una luz junto al mar

El primer evangelio presenta el comienzo de la misión de Jesús en el camino del mar, en el norte de Palestina, a orillas del mar de Galilea. Allí es donde está brillando una luz que, en su amanecer, ilumina un nuevo camino de conocimiento y de amor. Puede que el Evangelio solo nos esté dando un apunte geográfico vinculado al cumplimiento de una profecía, pero quizás en esta alusión puedes evocar algo más profundo y de especial luz. Jesús de Nazaret, en su misión, con sus acciones y sus palabras, está revelando a la humanidad el camino hacia un mar mucho más amplio y fecundo que el mar de Tiberíades. Un mar en el que se pueda saciar la sed ilimitada de verdad y de bien que la persona humana experimenta en su razón y su corazón. Quizás Jesucristo comienza su misión junto al mar como expresión del contenido último de su misión: dar a conocer la identidad del infinito ser divino y conducir a la humanidad hacia Él para que sacie así su sed.

Con esta imagen marina comienzas este libro, dedicado a exponer los contenidos fundamentales de la Teología Trinitaria. Presentar el mar como imagen del Dios Uno y Trino revelado por Jesús mueve a considerar la imagen del ser humano como buscador sediento. Solo la unión de las dos imágenes, del mar y de la sed, hace que la Teología Trinitaria hable de Dios y hable de ti y, por tanto, que con este libro conozcas en parte el ser de Dios y algo mejor tu propio ser. Si el misterio de Dios ha sido revelado verdaderamente en Jesús, entonces es posible encaminarse hacia su conocimiento y su amor. Si este misterio infinito es lo que sacia la sed humana de verdad y de bien, entonces conocerlo y amarlo es necesario y valioso.

La Teología Trinitaria, pues, no solo es una reflexión posible, sino una labor necesaria y valiosa. En ella tratamos de profundizar en el conocimiento de lo que es Dios y en la presentación de quién es Dios. Por eso se ha considerado la cumbre de la Teología, pues su objeto es Dios en su mismo ser y en su misma identidad. Puedes esperar, por ello, que sea también la más difícil y la de más oscura comprensión, pues la mayor cercanía al misterio del ser divino implica el mayor desafío para las capacidades humanas.

Esto no es para desanimarte, ni mucho menos para que devuelvas este libro antes de que sea demasiado tarde, sino tan solo para recordar la limitación propia de la Teología Trinitaria. Estamos ante el misterio de los infinitos abismos de verdad y amor que esconde el ser divino. Estamos también ante la revelación de la identidad de Dios, que Jesús nos descubre como unidad absoluta del Padre, del Hijo y del Espíritu Santo. Estamos ante un horizonte, por tanto, imposible de comprender y cartografiar. Y estamos provistos, además, de un instrumento tan limitado como la razón y el corazón del ser humano. Sus deseos son infinitos, pero su capacidad, ciertamente, no lo es.

Pero, asumiendo estas limitaciones, la invitación de Jesús junto al mar de Galilea, que en el fondo es la invitación de un Dios que desea ser conocido y amado por el ser humano, nos anima a emprender esta apasionante exploración. Primero, porque Jesús así nos lo propone. Segundo, porque Dios merece ser conocido y amado en sí mismo según la máxima capacidad que nos sea posible. Tercero, porque descubrirse con una intensa sed, y no tener esperanza cierta de encontrar el mar que la remedie, arruina y empobrece la experiencia de una vida humana. Cuarto, porque Dios mismo ha abierto el canal que nos aproxima al mar y con su gracia eleva las capacidades de la razón y del corazón para que puedan encontrarlo y navegar por él. Quinto, porque muchos pensamos que arriesgarse a recorrer los caminos que llevan al mar es más humano, más enriquecedor y más emocionante que la renuncia a una exploración que lleve al cumplimiento de las aspiraciones más profundas.

Exploraremos, por tanto, la revelación del Dios Uno y Trino mostrada por Jesús a orillas del mar de Galilea, yendo con las cautelas necesarias, pero tratando de comprender por medio de ella el misterio de la vida divina en sí misma y en lo que supone para nosotros. El primer paso de esta exploración consistirá en reconocer su necesidad y la manera en que Dios la ha hecho posible. Por ello, en el siguiente capítulo nos dedicaremos a buscar la comprensión del ser humano y de la revelación divina que hacen posible y necesaria la Teología Trinitaria. A continuación, el tercer capítulo te dará a conocer cómo en la vida de Jesucristo se da la plena revelación divina que abre el camino a conocer qué y quién es Dios mismo, tal y como está consignada en el Nuevo Testamento.

Esta revelación, que supone para toda la humanidad una verdadera y plena salida al mar, es un don tan valioso que merece ser protegido y conocido con el mayor esmero. Por eso encontrarás un cuarto capítulo dedicado a exponer cómo en los tiempos de los Padres de la Iglesia se defiende la revelación de la Trinidad ante diversos ataques que tendían, ayer como hoy, a reducirla a los pequeños límites de la razón y la cultura. Y, a continuación, encontrarás un capítulo en el que asomarte a la experiencia de dos de los grandes navegantes que llegaron a un profundo conocimiento de este mar: san Agustín y santo Tomás de Aquino. Para terminar, un capítulo recogerá todo lo expuesto hasta entonces en una síntesis esencial de la Teología Trinitaria, que pueda servir como carta de navegación por este mar divino, sabiendo, por otra parte, que aunque ese mapa ilustre lo que Dios nos ha dicho de sí mismo, el océano de su inmensidad siempre excederá todos los horizontes que nuestros ojos sean capaces de contemplar. Al menos durante esta vida. Precisamente porque el mar está lleno de vida y fecundidad, terminarás el libro con un capítulo dedicado a la vida en el mar: cómo ejercitarse en el arte de la navegación por el conocimiento y el amor del Dios Uno y Trino en las diversas dimensiones de la vida cristiana.

Como es propio de esta colección, este camino del mar lo irás recorriendo a un nivel de primeros pasos, por lo que ni vas a encontrar citas, exceptuando lógicamente el capítulo que fundamenta todo el libro, ni debates con autores o problemas contemporáneos ni una completa enciclopedia de la Teología Trinitaria y de sus implicaciones. No es el lugar, quizás tampoco el momento. Es mejor ahora que este libro sea como un aperitivo, que abra por ello tu interés y curiosidad por la Teología Trinitaria, la rama más importante y central, y por ello más bien el tronco, de toda la reflexión teológica.

Jesús te espera como luz junto a la orilla del mar. Tu sed ilimitada de verdad y de bien te mueve a buscar un mar que la sacie. La revelación de Jesús te abre un camino para que puedas conocer qué y quién es ese mar que buscas y te trae el mar mismo. La fe con la que respondiste a la revelación de Jesús es la barca en la que podrás adentrarte en ese mar y navegar por él. La teología te ayudará a conseguir una buena barca y te orientará para que ni te extravíes ni encalles. Y, finalmente, la inmensidad de fe, de verdad y de bien, que es el Dios Uno y Trino, quiere no solamente que compartas su vida de ilimitada fecundidad, sino, además, colmar todas tus aspiraciones y llevar a plenitud tu vida y tu fe.

Si este último párrafo recoge correctamente tu situación al comenzar la lectura de este libro, estás entrando en él con el paso adecuado y la actitud correcta. Por tanto, pasa página y comienza este camino hacia el mar. Seguro que tendrás una provechosa y próspera navegación.

RESUMEN

- Jesús de Nazaret, con sus acciones y palabras, da a conocer el infinito mar divino en el que el ser humano puede saciar su ilimitada sed de verdad, bien y amor.

- El Dios Uno y Trino que nos revela Jesús desea ser conocido y amado, por eso invita a recorrer el camino que lleva a su mar.

- La Teología Trinitaria es el tronco de donde parten y a donde llegan las diversas ramas de la reflexión teológica.

Capítulo 1
Buscando una orilla

Antes de empezar con este capítulo dale un repaso al volumen dedicado a la Teología Fundamental en esta colección. Allí se explica con detalle por qué se puede decir que el ser humano es capaz de Dios, lo desea y lo busca. Esta certeza, que damos por supuesta de cara a lo que viene, es propia de una visión trascendente e integral del ser humano, que no olvida ninguna de sus dimensiones.

Sed de mar

Al considerar la existencia humana, por tanto, ha de tenerse en cuenta que se da en una persona abierta ilimitadamente a la verdad y al bien, en unidad de inteligencia y voluntad, razón y corazón, que experimenta una tendencia natural a buscar siempre la verdad y el bien, que están más allá de sí misma. Gracias a su razón, puede descifrar el contenido simbólico de la realidad, descubriendo que cada uno de sus aspectos encierra una referencia simbólica a una realidad trascendente. Gracias a su voluntad, puede dirigir su búsqueda hacia esa realidad, a la zaga de lo que es mayor y mejor.

Aunque en esta búsqueda se muestra también la contingencia humana (puede ser o dejar de ser, pues no existe por necesidad) y su limitación (la trascendencia siempre supera a la persona que la busca), el hecho mismo de la búsqueda sugiere la existencia de esa realidad trascendente. La experiencia de la sed, si el mundo está correctamente diseñado, sugiere que es razonable que exista el agua. De hecho, podemos comparar con la sed esa búsqueda persistente de una realidad última, trascendente a todo y fundamento de todo. Y podemos asumir que el mar es un símbolo de esa agua infinita capaz de responder a esa necesidad, ya que al descubrir esta trascendencia y poder acceder a ella, la búsqueda encuentra, el deseo se sacia y el inquieto esfuerzo conduce al descanso.

Asumimos en este capítulo, por tanto, la intuición de que una consideración verdadera de la persona humana es aquella que la reconoce como buscadora de una realidad última, que sea esencialmente existente y trascendente al mundo. Un ser fundamental, al que llamamos Dios, que, a través de la experiencia de la realidad, interpela a su razón y a su corazón para que pueda encontrar en Él una respuesta a su sed ilimitada de verdad y de bien. Para que buscando sus orillas pueda encontrar una salida al mar.

El intento de caminar hacia el mar

La necesidad de encontrar esta trascendente realidad última ha motivado una búsqueda incesante de caminos hacia ella desde los orígenes del ser humano. De hecho, su presencia se reconoce muchas veces en la paleoantropología por signos que indican la existencia de pensamiento simbólico y por los enterramientos que sugieren la intuición de una realidad trascendente más allá de la contingencia de lo cotidiano. Los caminos quedan más patentes en las antiguas religiones animistas, que descubren la existencia de poderes sobrenaturales actuando en las realidades naturales. De un modo más elaborado, el camino se traza en las religiones politeístas a través del mito, que expone en cifra narrativa y simbólica las esperanzas, sentimientos y fundamentos trascendentes de lo que ocurre en el mundo y de lo que experimenta el ser humano.

El mito da paso al *logos*, a la especulación lógica, en la gran filosofía clásica griega, que busca dar razón de las cosas, entendidas como realidades, hasta llegar a la causa primera y única de toda la realidad, siendo así un camino racional hacia la trascendencia deseada. En el mismo seno de la cultura griega, en síntesis con las corrientes orientales de trascendencia (que se muestran, por ejemplo, en el zoroastrismo persa o la sabiduría védica hindú), nacen los misterios helenistas, con sus ritos de iniciación y doctrinas especulativas, que tratan de ofrecer al ser humano contingente la salvación trascendente que la razón sola no parece capaz de otorgar.

Son intentos de caminar hacia una salida al mar que evocan, con su diversidad y universalidad, que esta sed es real en el ser humano y propia de su naturaleza. Pero, en el fondo, son intentos limitados, pues sus pasos están dados según la medida del pensamiento y la intuición humanos. Son caminos que intuyen la realidad trascendente y en parte la reflejan, pero que pueden acabar conduciendo a mares cerrados, a mares interiores que, al no saciar realmente la sed infinita, terminan por desaparecer. Aun así, contienen valiosos elementos, y es conveniente, por tanto, conocer bien estos intentos y apreciarlos en su justa medida.

El mar y sus huellas

Si el camino hacia la realidad trascendente es imposible de recorrer en su totalidad por la limitada capacidad del ser humano y, sin embargo, la necesidad de llegar a esta realidad última parece estar escrita en su naturaleza, se llega a una incómoda conclusión: el ser humano está mal diseñado, su pretensión de infinito es absurda y, por ello, lo mejor que puede hacer es contentarse con la experiencia inmediata de la realidad que está a su alcance. Si esto es así, tendrías que devolver este libro, porque todo lo que sigue a partir de aquí serían especulaciones infundadas, pero sobre todo habría que dar la razón a quienes dicen que el ser humano es una pasión inútil.

Afortunadamente, no parece ser así. El camino para superar esta conclusión pasa por reconocer que la trascendencia ha dejado en la realidad contingente algunas huellas de su existencia, que la razón humana, con su propia capacidad, puede llegar a descubrir, obteniendo así elementos válidos para conocer ese mar que quiere encontrar. Algo parecido enseña la geología. En terrenos montañosos muy alejados del mar es posible encontrar fósiles marinos si se buscan bien. Una conclusión puede ser que hayan aparecido allí por casualidad, o que alguien con malvadas intenciones los haya tallado en las rocas para engañar a los incautos. Pero la solución más razonable es admitir que en otros tiempos esos terrenos formaban parte del mar, y por tanto esos fósiles nos descubren la presencia de una realidad que nos resultaría impensable, como es suponer unas montañas formando parte de un mar.

Si la razón humana busca bien en la realidad que tiene a su alcance, es posible que descubra las huellas que ese mar trascendente ha dejado en ella, como signo de su existencia y como invitación a la búsqueda. Este camino, que se llama la **revelación natural**, está explícitamente afirmado en la Sagrada Escritura y en el Magisterio de la Iglesia. Ambos afirman que la razón natural es capaz de tener un conocimiento cierto de la existencia de Dios, reconocido como principio y fin de todas las cosas, a partir de la naturaleza creada por Él. Y es que el mar ha tenido la iniciativa de dejar su firma en nuestro terreno, no solo en las realidades del mundo, sino también en las experiencias de la persona humana.

En la revelación natural, por tanto, Dios ofrece un camino para que cualquier ser humano pueda descubrir su existencia como principio y fin de todas las cosas, y así pueda tener un primer conocimiento, incompleto, del ser de Dios, de lo que es ese mar que ha querido dejarse encontrar por el sediento. En la revelación natural se llega a conocer, no sin dificultad, la existencia de Dios y una cierta precomprensión de su ser, sin embargo, no es posible descubrir quién es Dios. Es decir, ofrece conocimiento cierto para que el ser humano pueda encaminarse a la realidad trascendente que es su fin y su cumplimiento, pero no alcanza el conocimiento de la intimidad personal de Dios y su intervención salvadora en la historia. Dentro de los caminos de conocimiento que abre la revelación natural hay uno especialmente valioso: la **analogía.**

En la analogía se parte de la huella dejada por el Dios trascendente en los seres creados, lo que sugiere que hay cierta proporcionalidad entre las criaturas y Dios: en la desemejanza infinita que separa lo trascendente de lo contingente se encuentra, sin embargo, cierta semejanza. La analogía, por tanto, se da en tres pasos: afirmación, negación y eminencia. Si tomamos como ejemplo la inteligencia, la analogía nos lleva a afirmar que Dios es inteligente, pero no como lo es el hombre, sino infinitamente inteligente.

El paso de la negación supone asumir la desemejanza entre Dios y la criatura, lo que está en el fundamento de la *teología negativa:* es más asequible a la razón afirmar lo que Dios *no es* que afirmar lo que *es.* Por ello, el conocimiento de la creación desvela cierto conocimiento del ser trascendente, de lo que Dios es, pero lo hace en la difícil paradoja de la semejanza y desemejanza. La primera asegura el acceso al conocimiento de Dios, la segunda responde a la trascendencia del misterio del ser divino a toda realidad creada.

En relación con la analogía están las imágenes que en la teología se han empleado para ilustrar aspectos de la vida divina con experiencias de la realidad creada. Por ejemplo, y por ceñirnos al aspecto de la vida divina del que trata este libro, la unidad del sol en su diversidad de fuego, resplandor y rayos, supuso para los primeros teólogos una metáfora sugerente de la unidad del Dios único en la Trinidad de personas. En lo que se refiere a la experiencia humana, la distinción de la memoria, el entendimiento y la voluntad en la vida interior del único sujeto humano espiritual dio pie a san Agustín para elaborar una verdadera analogía, denominada *psicológica*, que se aproxima a la vida interior de la Trinidad. Estas imágenes, como otras que se encuentran en la teología medieval y contemporánea, se elaboran cuando ya se ha dado una revelación sobrenatural (que desvela la existencia de la Trinidad, entre otros contenidos), pero no dejan de reforzar la certeza de que Dios ha dejado huellas de su ser en el mundo natural que la razón tiene a su alcance y en la persona humana creada a su imagen.

¿Y si el mar se viniera?

Es un avance importante que el ser humano, guiado por los vestigios dejados en la naturaleza, se pueda encaminar con certeza al mar. Pero el avance definitivo, sin duda, sería que el mismo mar se encaminara al ser humano y le dejara abierto un canal de acceso a sí mismo. Con ello, el ser humano no solo tendría acceso al ser de Dios, *lo que* es, sino a la identidad secreta de Dios: *quién* es. Solamente si Dios se revela libremente a sí mismo se cumple la esperanza de que el ser humano pueda acercarse a su misterio más secreto, y así encaminarse plenamente a su finalidad última. El don de Dios por el que, libremente, desvela su identidad personal al ser humano en su historia se llama la **revelación sobrenatural:** el mar viniendo al encuentro del ser humano que lo desea.

Esta revelación, que supone que Dios se ha manifestado de forma sobrenatural, expresa también que el ser humano tiene una finalidad sobrenatural, pues ha sido creado para bienes que sobrepasan infinitamente su capacidad. Solamente con la revelación sobrenatural se da la esperanza de que cualquier persona pueda encontrar fácilmente y sin error una salida verdadera y plena al mar trascendente que es Dios. Así, se abre para todos la posibilidad de escapar a la tragedia de que la existencia humana sea una fracasada pasión inútil, deseosa del infinito, pero condenada a la limitación. Esta revelación, sin embargo, no es explicación, no es un mapa exacto de caminos ni de mares que aclara el ser trascendente. De hecho, al desvelarlo en su misterio más profundo, hace su comprensión más compleja, pues, como puedes imaginar, la máxima revelación del ser divino implica también el mayor desafío a la limitada razón humana. En aguas profundas siempre es más difícil ver el fondo que en la orilla del mar, por eso también en la revelación sobrenatural hay que hablar con frecuencia de la *teología negativa*, como veremos en alguno de los capítulos que siguen.

A esta revelación sobrenatural, libre y gratuita, el ser humano responde libremente con su razón y su libertad, capacidades humanas que, precisamente por poder responder a esta revelación, muestran su grandeza y dignidad. La respuesta se da en la fe, que es la barca en la que cada persona puede lanzarse a navegar sin límites por el mar que ha salido a su encuentro. Y, precisamente, en la barca de la fe es posible percibir que, más allá del Dios de las necesidades y de la sed personal, está el misterio de Dios en sí mismo: partiendo con frecuencia de la búsqueda del Dios deseado, la fe conduce a descubrir el misterio del Dios vivo, la vida intradivina que se muestra como un mar de infinita fecundidad de verdad y de bien.

La revelación sobrenatural de la que estamos hablando es la consignada en el Nuevo Testamento, diseñada por Dios desde antes de la creación, preparada en el Antiguo Testamento, iniciada por Jesucristo a orillas del mar de Galilea, culminada en la pasión, resurrección y envío del Espíritu Santo, y, finalmente, custodiada por la Iglesia como salida al mar verdadera y plena que se ofrece al ser humano de todos los tiempos. También, por tanto, a la humanidad de nuestro tiempo, marcada en buena parte de la sociedad occidental por el fenómeno de la **secularización.** Es una paradoja desconcertante el hecho de que la máxima cercanía del mar haya producido el mayor movimiento para alejarse de él.

Con la revelación sobrenatural cristiana se produce el momento de mayor acercamiento al hombre por parte de Dios; sin embargo, es la civilización occidental, que hunde sus raíces en la revelación cristiana, la que ha iniciado un proceso de secularización que conduce a rechazar lo infinito como marco para comprender el sentido de la vida humana, desconectarla de todo fundamento trascendente y emanciparla de toda relación con instancias superiores. En la medida en que se extiende la secularización, el acceso al mar se cierra y, por tanto, el ser humano se limita a lo que está a su alcance, viéndose en la obligación de renegar de la sed que lo define. Entonces, si para el sujeto humano no hay acceso al mar infinito, suponiendo que este exista e interese realmente, prefiere confinarse en piscinas limitadas, hechas a medida del sujeto mismo.

El panorama de confinar el misterio infinito del ser humano en estas piscinas relativistas, inmanentistas, emotivistas, utilitaristas, nihilistas y otras *istas* es desolador, si de verdad se asume la consideración de la persona humana que hemos tomado como propia en estas páginas. Por ello el panorama secularizado resulta, al mismo tiempo, un intenso estímulo para adentrarse en el conocimiento de la revelación sobrenatural y en lo que a partir de ella la razón iluminada por la fe ha podido reflexionar en torno al misterio del ser divino. Mantener abierta la salida al mar que, en el fondo, la humanidad sigue necesitando, pasa necesariamente por un conocimiento bien fundamentado de la revelación de Jesús, quien, con sus palabras y sus obras, nos desvela el misterio del ser divino, como vas a comprobar en el capítulo siguiente. Y porque es importante mantener despejada la salida con un panorama tan propenso a clausurarla, es muy conveniente conocer cómo la Tradición de la Iglesia, que custodia esta revelación, la ha ido defendiendo e iluminando con su Magisterio y con la labor de los grandes teólogos. Si no te resignas a hacer largos y prefieres partir a explorar la salida a ese mar trascendente en el que podrás saciar tu sed infinita de navegar, deja la tumbona piscinera del conformismo intelectual y ponte en camino hacia la orilla. La orilla del mar de Galilea, donde Jesús de Nazaret comienza a enseñar el camino sobrenatural que lleva a explorar por la fe la identidad de Dios, quién es, qué tiene reservado para el ser humano y en qué consiste su vida íntima.

RESUMEN

- El ser humano es limitado y contingente, pero en su existencia experimenta una necesidad ilimitada de verdad, amor y bien, lo que le abre a asumir la existencia de un ser trascendente que le pueda saciar.

- Los caminos del ser humano hacia el ser trascendente, hacia la divinidad, son múltiples, valiosos cada uno en cierta manera, pero limitados todos ellos. Intuyen la trascendencia, pero no pueden guiar plenamente hacia ella.

- Por la revelación natural, Dios abre un camino para ser conocido por la razón humana como principio y fin de todas las cosas.

- En la revelación sobrenatural, Dios viene al encuentro del ser humano para abrirle un acceso a su ser y a su identidad más íntima. Solo por esta revelación, que tiene su centro en Jesús de Nazaret, podemos acceder al Dios Uno y Trino.

Capítulo 2
Una salida al mar

En el capítulo anterior aparecía la necesidad de encontrar una salida al mar, única manera de calmar la sed de infinito que late en el corazón del ser humano. Este es capaz de Dios, y además lo desea y lo busca, como mar en el que saciar su sed y por el que navegar en el infinito. Por eso acabas de ver cómo desde el principio el ser humano ha tratado de encaminarse hacia ese mar en múltiples formas, muy dispersas y, a la postre, limitadas. El ser humano, dejado a sus solos recursos, encuentra muchas dificultades en este camino, ya que la razón humana, además de ser finita, está herida por el pecado, y por ello le resulta muy arduo recorrerlo. Es frecuente, por tanto, que se reduzca a concebir mares a su medida, y, como esta es limitada, finalmente acabe en mares interiores, como lagos salobres cerrados en sí mismos.

También aparecía la idea de que el mar divino, de alguna manera, ya está presente en el ser humano y en lo que está a su alrededor. El mundo creado está al alcance de nuestra razón, y la misma razón es una firma que el Creador ha dejado en el ser humano. Por ello, un cierto conocimiento natural y racional de Dios es posible, como también leías en el capítulo anterior. La razón humana es fiable para atisbar en su entorno el mar siempre y cuando acepte su limitación y no pretenda cartografiar el mar en sistemas racionalistas. Por eso, con cierto esfuerzo intelectual y mucha precaución humilde, el ser humano puede llegar a conocer la existencia del mar que busca.

Sin embargo, el conocimiento profundo y pleno del mar, el acceso a conocer quién es Dios, y cómo es posible compartir su vida navegando por él, solo es posible si Dios mismo lo da a conocer. Tan solo la revelación sobrenatural puede desvelar este secreto profundo del mar, y por ello, paradójicamente, solo si el mar viene hacia el ser humano le es posible a este conocer sus más profundos misterios y navegar por ellos. El camino del ser humano al mar, por tanto, necesita un camino previo del mar hacia el ser humano, nuestro acceso al conocimiento de la identidad de Dios y su misterio requiere que el mismo Dios inaccesible se nos presente y nos abra sus misterios, entre los que se esconde también el misterio de la identidad del ser humano y su destino.

Un divino *tsunami*

Esto, que suena tan pretencioso, ha ocurrido ya en una historia infinitamente sencilla: la encarnación de Dios en Jesús de Nazaret, que es el protagonista de este capítulo. En sus palabras y sus obras se descubre por fin una salida verdadera al mar, ofrecida por Dios mismo, y consignada en el Nuevo Testamento. Tenemos, por tanto, que acudir a los textos neotestamentarios para descubrir en ellos la revelación del Dios vivo que nos ofrece Jesús, en su unidad y en su trinidad. Es lo que tienes por delante en este capítulo. La tarea es delicada y necesaria, ya que sin conocer bien la revelación cristiana es bastante fácil, como has visto, reducirla, falsificarla o secularizarla, por lo que el sueño de alcanzar el mar puede convertirse en un engañoso dar vueltas en una piscina cerrada en sí misma.

Dado que es una tarea delicada, hay que ponerse a ella con más medios de los que empleamos en otros capítulos del libro; en concreto, en este capítulo tendremos citas de textos de la Sagrada Escritura y del Magisterio de la Iglesia, ya que, como viste en el volumen introductorio de esta colección, son las fuentes esenciales para una teología correcta. Aunque en el resto del libro no citaremos más textos, por no sobrecargar la exposición, la importancia de este capítulo hace muy conveniente que aquí las citas se hagan presentes. Precisamente con una cita del Concilio Vaticano II se empieza el camino a recorrer en el capítulo: «Dispuso Dios en su sabiduría revelarse a Sí mismo y dar a conocer el misterio de su voluntad, mediante el cual los hombres, por medio de Cristo, Verbo encarnado, tienen acceso al Padre en el Espíritu Santo y se hacen consortes de la naturaleza divina. (...) La verdad íntima acerca de Dios y acerca de la salvación humana se nos manifiesta por la revelación en Cristo, que es a un tiempo mediador y plenitud de toda la revelación» (Constitución *Dei Verbum*, 2).

El mar divino no ha esperado a que el ser humano lo encuentre, sino que se ha revelado a él libre y sabiamente, puesto que la revelación es una disposición libre decidida por Dios y realizada con su sabiduría infalible. El mar se ha desbordado sobre la tierra de los seres humanos, como un *tsunami* arranca el mar de su propio lecho y lo arroja arrollador sobre la costa, pero ahora no para traer destrucción y muerte, sino conocimiento y vida. Gracias a esta revelación es posible conocer a Dios, pues por fin queda abierto el acceso a su identidad íntima, y es posible también una vida trascendente, pues el ser humano queda invitado a navegar por el ser divino, haciéndose consorte de su naturaleza. Esta revelación de Dios, por tanto, ha dejado abierto un canal por el que es posible llegar a la deseada salida al mar.

Este canal es Cristo, mediador y plenitud de la revelación. Como es mediador, es el camino que canaliza sin pérdida la búsqueda del ser humano hacia el mar divino. Como es plenitud, hemos de buscar en Él mismo y en su Palabra todo lo que se desea saber sobre el ser divino, y, por tanto, como decía san Juan de la Cruz, no hemos de esperar otra revelación distinta. Un ser que se nos presenta como único, pues es uno solo el Dios que se revela, y a la vez encierra un misterio de diversidad personal, pues en esta revelación actúan el Padre, el Verbo y el Espíritu Santo. Según este texto, Cristo nos da a conocer dos contenidos fundamentales: quién es Dios (la verdad íntima de

Dios, el misterio de la vida intradivina) y qué salvación ofrece a la humanidad (qué plan de salvación ha realizado Dios para saciar la sed humana y para llevar a plenitud su vida).

De aquí sacamos varias conclusiones. La primera, que el punto de partida para un verdadero conocimiento del misterio del Dios Uno y Trino es la revelación de Cristo que recoge el Nuevo Testamento y custodia la Tradición y el Magisterio de la Iglesia; tan solo con este punto de partida, dado por la sabiduría de Dios, el camino emprendido se convierte en un canal navegable al mar infinito, llegando a cotas inalcanzables por la sola razón humana. La segunda, que la revelación del ser divino busca explícitamente la salvación del ser humano; por ello, si buscamos el camino que lleva al mar, lo hacemos movidos por una verdadera sed de salvación, ya que Dios es la meta y la salvación del ser humano que lo busca. La tercera, que el Dios único revelado por Cristo en el Nuevo Testamento es el Padre, el Hijo y el Espíritu Santo, por lo que el camino para conocer la Trinidad comienza en las acciones y las palabras de Cristo. Por último, si el acceso pleno al misterio del Dios Uno y Trino solo es posible a partir de Cristo, la Cristología es esencial para la Teología Trinitaria; y viceversa, esclarecer el misterio de Cristo solo es posible a la luz del conocimiento de la Trinidad.

La tercera conclusión merece algún comentario más. La revelación de Cristo no son solo palabras o doctrinas, son también acciones, que constituyen la culminación de un plan de acción trazado por Dios para salvar a su criatura, que se conoce como *economía de la salvación*. Dios Padre, como buen empresario, traza un plan estratégico para varios siglos a fin de sacar a su empresa (la Creación entera) de la ruina (el pecado y la muerte) y llevarla a beneficios (la glorificación). Es un plan pensado por Dios desde la eternidad, que comienza con la Creación, se desarrolla a lo largo de la historia y tiene su máxima inversión de capital en Cristo, en quien se consuma el éxito de esta economía de la salvación, y de quien viene el infinito reparto de beneficios en los dones del Espíritu Santo. En Cristo, por tanto, culmina este plan de salvación denominado *economía*, y, por tanto, hablaremos de la *Trinidad Económica* como el Dios Uno y Trino en su actuación y manifestación a través de los diversos episodios de la economía de la salvación, en la que reconocemos al Padre como Creador, al Hijo como Salvador y al Espíritu Santo como santificador.

Pero este conocimiento de las acciones de la Trinidad a lo largo de la historia no agota el ser divino, pues Dios es trascendente a la historia, aunque actúa en ella, y su identidad secreta no puede conocerse plenamente solo a partir de sus acciones. Lo que se refiere a la identidad más profunda de Dios, al misterio de la vida intradivina, más allá de la historia, es lo que se denomina *Trinidad Inmanente*, es decir, la vida del Dios Uno y Trino en sí mismo. En la revelación de Cristo vemos de modo pleno la *Trinidad Económica*, la acción de Dios en la historia de la salvación, y a partir de ella tenemos acceso a la *Trinidad Inmanente*, la vida de Dios en su eternidad e infinitud. Aunque hablamos de la Trinidad en dos sentidos, no pienses que hablamos de dos *trinidades* distintas. Distinguimos la acción y manifestación de la Trinidad en la historia *(económica)* y la vida de la Trinidad en la eternidad de su ser infinito *(inmanente),* para poner de relieve que la única Trinidad que en sí misma es eterna e infinitamente superior al mundo, es la que actúa y se manifiesta verdaderamente en la historia y el mundo finito y limitado de los hombres.

En definitiva, gracias a este *tsunami* divino que tiene su hipocentro en Cristo, puedes descubrir a la única y santa Trinidad en su acción reveladora y salvadora (la *Trinidad Económica*), y solo en referencia a Cristo es posible el acceso a los misterios trascendentes de su vida intradivina (la *Trinidad Inmanente*). En las secciones que siguen iremos recorriendo este camino: desde lo dado en Cristo y atestiguado en el Nuevo Testamento, hasta las orillas del mar de la intimidad divina, la revelación del Padre, el Hijo y el Espíritu Santo. Pero antes, conviene presentar la parte de la economía de la salvación desarrollada antes de Cristo, pues antes del *tsunami* definitivo, Dios se fue acercando a la humanidad en una serie de mareas cada vez más fuertes, durante lo que se denomina el Antiguo Testamento.

Mareas antiguas

El mar se derrama sobre la tierra no solo en los grandes *tsunamis*, sino también en las pequeñas mareas que desde los siglos antiguos se extienden y se retiran de sus orillas. De modo análogo, el plan salvador de Dios se fue mostrando a la humanidad en el tiempo del Antiguo Testamento en subidas y bajadas. Dios se aproximaba al pueblo de Israel y lo llenaba, pero a continuación el pueblo se alejaba de él y se vaciaba. Esta inestabilidad es propia de lo que tan solo es una parte aún provisional de la economía de la salvación (la Antigua Alianza), pues tan solo Cristo realizaría el plan definitivo y estable para siempre en el Nuevo Testamento (la Nueva Alianza). Sin embargo, en medio de tantos vaivenes, podemos encontrar ya algunos rasgos verdaderos del ser divino.

No hay que olvidar que el protagonista de ambos Testamentos es el mismo, el Dios Uno y Trino, aunque no se revele de igual forma en cada uno de ellos. Conviene recordar esto porque un acercamiento un tanto simple suele conducir a la conclusión de que hay un Dios Padre que actúa en el Antiguo Testamento, un Dios Hijo que actúa en el Nuevo y un Espíritu Santo que va actuando en la Iglesia. Aunque esto no sea correcto, sin embargo, es verdad que lo que se revela con más claridad en el Antiguo Testamento sobre el ser divino es el carácter único de Dios, como se muestra en el estricto monoteísmo de la religión de Israel. Este dato es tan evidente que no es necesario que profundicemos más en él: el Antiguo Testamento recoge ya la revelación de la unicidad de Dios que encontramos en el Nuevo.

Pero además de este dato, entre las joyas del Antiguo Testamento se encuentran valiosos tesoros referidos a los nombres de Dios y su relación con la humanidad que, pese a la provisionalidad del Antiguo Testamento, evocarán con la luz de la revelación de Cristo rasgos del Dios Uno y Trino.

El **nombre divino** es dado en la revelación que recibe Moisés en el libro del Éxodo, acción salvadora de Dios en la que se revela algo tan íntimo como el nombre del protagonista, que es lo que da a conocer su identidad y parte de su intimidad. Junto a la zarza ardiente, Dios se presenta a sí mismo como *Yo Soy: Dios dijo a Moisés: Yo soy el que soy; esto dirás a los hijos de Israel: Yo soy me envía a vosotros. Dios añadió: Esto dirás a los hijos de Israel: El Señor, Dios de vuestros padres, el Dios de Abrahán, Dios de Isaac, Dios de Jacob, me envía a vosotros. Este es mi nombre para siempre: así me llamaréis de generación en generación* (Éxodo 3, 14-15). El nombre *Yo Soy* se escribe en el Antiguo Testamento con las consonantes YHWH, el nombre sagrado de Dios en el judaísmo, que suele transcribirse como *Yahveh* y traducirse al español como *el Señor*. Dios se da a conocer como *el que es*, como aquel que tiene el ser en sí mismo (como explicitará más tarde la tradición cristiana) y también como el que es-está siempre, es decir, siempre al lado de Israel para salvarlo. En el nombre Yo Soy se esconde, por tanto, una misteriosa alusión a una plenitud de ser y, a la vez, se muestra con claridad que el ser de Dios se da a conocer en función de su presencia salvadora para la humanidad. El Dios que *es* salva al pueblo de Israel llevándole desde la servidumbre de Egipto hasta la libertad de la Alianza con Él.

Este nombre también significa una exclusión de todo politeísmo, pues la alianza con el Dios absolutamente único de Israel no es compatible con el culto a otros dioses: *Así pues, reconoce hoy, y medita en tu corazón, que el Señor (Yahveh) es el único Dios allá arriba en el cielo y aquí abajo en la tierra; no hay otro* (Deuteronomio 4, 35). Para el Antiguo Testamento tan solo el Señor *es*, mientras que los demás dioses no son nada. Esta firme revelación del monoteísmo sorprendería a muchos filósofos griegos, que habían llegado a la misma conclusión después de arduos esfuerzos: si existe Dios, ha de ser único. La revelación monoteísta del Antiguo Testamento será asumida en el Nuevo, pues el Dios del que habla Jesús es el Dios de Abrahán, Isaac y Jacob; a este Dios único del Antiguo Testamento es a quien Jesús llama

Padre. Por eso, cuando el nombre divino *Señor* es aplicado a Jesús, se abre el camino a considerar cómo comparte con el Padre el único ser divino, y, por ello, se sugiere riqueza de vida intradivina en el único Dios.

El Antiguo Testamento evoca también la inmensa riqueza interior del único ser divino, por ejemplo, en el uso de los plurales divinos, la aparición de varios nombres para referirse a Dios además de Yahveh (como El, Elohim, Elyon o El-Sadday), o el hecho de que se le denomine con títulos como Dios Viviente, Dios Santo o Dios Celoso. Esta sugestiva evocación de la riqueza interior del ser divino se refleja también en la serie de rasgos que se atribuyen a Dios en el Antiguo Testamento, como se ve, por ejemplo, en una segunda revelación concedida a Moisés: *El Señor bajó en la nube y se quedó con él allí, y Moisés pronunció el nombre del Señor. El Señor pasó ante él proclamando: Señor, Señor, Dios compasivo y misericordioso, lento a la ira y rico en clemencia y lealtad* (*Éxodo* 34, 5-6). Al nombre divino *Señor* se le asocian rasgos como la compasión, la misericordia, la lealtad o la clemencia, porque el ser del único Dios se intuye como plenitud de vida, a diferencia de los dioses de piedra o madera. Las listas de rasgos atribuidos a Dios a lo largo del Antiguo Testamento llenarían varias páginas, lo que nos indica que el ser divino ya se está presentando en sus atributos con una plenitud de riqueza vital que prepara la que se mostrará en el Nuevo Testamento. Una riqueza que más adelante encontrarás expuesta en los párrafos dedicados a los atributos divinos.

Por último, esta plenitud de ser tiende a desbordarse en la relación personal. En el Antiguo Testamento no tenemos, evidentemente, la revelación de las tres personas divinas, pero sí se nos revela un Dios abierto y accesible a la comunión con los seres humanos. De hecho, el ser divino recibe nombres tan personales como *Dios de Abrahán, Dios de Isaac, Dios de Jacob* o *Dios de vuestros padres*. El Dios que es plenitud de ser y existencia salvadora no parece encerrarse en su propia riqueza, sino que se revela como siempre abierto a la relación y la comunicación. Sería anacrónico hablar ya de una revelación de la Trinidad con sus relaciones entre las personas divinas, pero resulta sugerente encontrar ya esbozado en las inestables mareas del Antiguo Testamento este tono personal, de relación estable, del ser divino, que se resalta con tanta fuerza en la vida de Jesús.

El secreto de la vida de Jesús

Incluso con una lectura superficial de los evangelios sinópticos (pues ya sabes que el evangelio de san Juan está en otro nivel) se puede percibir que en el corazón de la revelación de Cristo está la **paternidad** de Dios. Un rasgo poco marcado en el Antiguo Testamento, que solo habla de Dios como *padre* de forma metafórica, al referirse al pueblo de Israel, y, de forma muy restringida, para algunos individuos especiales elegidos por Él, como eran los reyes. Un rasgo que, sorprendentemente, aflora ahora en la experiencia más íntima de Jesús, que llama a Dios, el Dios del Antiguo Testamento, Padre suyo, y que se dirigirá a Él con un término propio del lenguaje de la intimidad familiar: *Abbá* (*papá*, en arameo). Esta inédita relación en las palabras y las acciones de Jesús (su lenguaje familiar y su íntima confianza en su Padre Dios) indica cómo la revelación de Jesús nos desvela un secreto sorprendente: su relación con Dios, a quien llama su Padre.

El testimonio del evangelio joánico, por otro lado, insistirá en que Jesús es el único que puede desvelar el camino que lleva al conocimiento del Padre. Puedes verlo en estas citas: *a Dios nadie lo ha visto jamás: Dios unigénito, que está en el seno del Padre, es quien lo ha dado a conocer* (Juan 1, 18); *Tomás le dice: Señor, no sabemos adónde vas, ¿cómo podemos saber el camino? Jesús le responde: Yo soy el camino y la verdad y la vida. Nadie va al Padre sino por mí* (Juan 14, 5-6). Si puede hacerlo, además, es porque Jesús se considera y se presenta como **el Hijo**, el único que de verdad conoce al Padre, es conocido por el Padre y puede abrir a otros este conocimiento mutuo entre el Padre y el Hijo: *En aquel momento tomó la palabra Jesús y dijo: Te doy gracias,*

Padre, Señor del cielo y de la tierra, porque has escondido estas cosas a los sabios y entendidos, y se las has revelado a los pequeños. Sí, Padre, así te ha parecido bien. Todo me ha sido entregado por mi Padre, y nadie conoce al Hijo más que el Padre, y nadie conoce al Padre sino el Hijo y aquel a quien el Hijo se lo quiera revelar (*Mateo* 11, 25-27; *Lucas* 10, 21-22). Este testimonio está basado no solo en las palabras de Jesucristo, sino que está hondamente enraizado en su vida misma. Jesús de Nazaret muestra en su vida una excepcional conciencia de sí mismo, como se ve en su uso enfático del pronombre *yo* (actualizando en su persona la revelación dada por Dios mismo a Moisés), en su superioridad sobre las instituciones más sagradas de Israel (es mayor que el Sábado o el Templo) y en su enseñanza personal (que no se apoya en ninguna autoridad humana, como era común en su tiempo). Por si fuera poco, de sus palabras y acciones resulta que decidirse a favor suyo o en su contra es la forma de responder a la llamada definitiva de Dios en su economía de la salvación.

La vida misma de Jesús de Nazaret está, por tanto, animada por una sorprendente **pretensión** que se puede calificar de divina, y que se sintetiza en lo que los evangelios sinópticos llaman autoridad. Si Jesús se presenta con esta inaudita pretensión, es porque, a la vez, se experimenta en una absoluta dependencia filial con Dios, que es la que aflora en su experiencia de relación singular y exclusiva con Dios como Padre suyo. La patente pretensión divina de Jesucristo que muestran los evangelios, en último término, se basa en su clara conciencia de ser el Hijo de su Padre Dios, enviado por Él mismo para abrir al ser humano un acceso para compartir su conocimiento y experiencia de la paternidad divina. De hecho, puedes leer varios pasajes evangélicos donde Jesús habla de Dios como el Padre (cfr. *Marcos* 13, 32; *Lucas* 9, 26), como Padre mío (cfr. *Marcos* 8, 38; *Mateo* 18, 19; *Lucas* 2, 49) o como vuestro Padre (cfr. *Marcos* 11, 25; *Mateo* 5, 48; *Lucas* 12, 32). Por tanto, el punto de partida que podemos tomar para comenzar el recorrido que sigue en los próximos párrafos es este: al presentarse como el Hijo de Dios, Jesús de Nazaret está desvelando un secreto de la vida íntima del ser divino y, a la vez, abriendo para el ser humano el canal de acceso al Padre en el que se cumple su búsqueda de una salida al mar.

Para dar un primer paso a partir de este punto de partida, hay que recuperar la alusión al término *Abbá*, que, al ser una palabra de ámbito familiar, indica la existencia de una doble **relación** en la experiencia de Jesús de Nazaret: su filiación y la paternidad de Dios. Dios se muestra como Padre en su iniciativa de ofrecer una economía de salvación, en su especial providencia que cuida de todo, y en su amor y apoyo fiel en todas las circunstancias, particularmente en las más dramáticas, por ejemplo, en el Huerto de los Olivos: Jesús *decía: ¡Abba!, Padre: tú lo puedes todo, aparta de mí este cáliz. Pero no sea como yo quiero, sino como tú quieres* (*Marcos* 14, 36). La filiación se muestra sobre todo en el modo en que Jesús se dirige al Padre, aunque en algunas ocasiones también se llama a sí mismo Hijo, y especialmente en las palabras que Dios le dirige en el Bautismo y en la Transfiguración. También en dos rasgos esenciales de las acciones de Jesús: su entrega agradecida a Dios y la disponibilidad total con la que se ofrece a realizar la obra a la que Él le ha enviado.

En esta filiación, en la certeza de tener su origen en el Padre y en la conciencia de ser enviado por Él, es donde Jesús fundamenta su misión. Y es en ella donde se vislumbra que en el Dios único se da una especial riqueza de vida interior, en la que existe la paternidad y la filiación, iluminadas a su vez por la revelación del Padre como **misericordia.** En efecto, parte de la revelación más característica de Jesús de Nazaret son las parábolas de la misericordia, que puedes leer en el capítulo 15 del evangelio de Lucas. En ellas muestra un conocimiento especialmente intenso del amor del Padre, no solamente porque lo describe en las parábolas, sino que ajusta su comportamiento a ellas, y en la misericordia de Dios revelada en ellas se justifica su bondad con los pecadores. El Hijo es misericordioso porque el Padre lo es, y conoce profundamente el amor misericordioso del Padre por su condición de Hijo.

Un paso más nos lleva de la figura de Jesús *Hijo*, que revela la existencia en el ser divino de la filiación y paternidad, a la de Jesús *enviado*, que evoca también el misterio de su persona como alguien que procede del Padre. Varios pasajes de los evangelios muestran que la **misión** de Jesús procede de un envío hecho por Dios de un modo inédito, eminentemente superior al envío de otros siervos de Dios o de profetas, tan superior a ellos que parece tener su raíz en la intimidad de Dios, como puedes leer en la parábola de los viñadores homicidas (cfr. *Marcos* 12, 1-18). Si en su vida Jesús se muestra como el Hijo y como el Enviado, si en la *Trinidad Económica* vemos estas relaciones de paternidad y filiación, y esta misión tan excepcional, queda abierto el camino para reflexionar sobre la *Trinidad Inmanente* en términos de unidad y pluralidad, de igualdad y distinción, en definitiva, de relación entre las Personas divinas. En los siguientes capítulos veremos que el mar que está mostrando Jesús de Nazaret en este *tsunami* es un mar de fondos muy profundos y de una fecundidad inesperada.

La excepcional relación de Jesús con su Padre Dios, su secreto más especial, se puede contemplar también en muchos pasajes del cuarto evangelio, del cual tienes una muestra un poco más arriba, y en las cartas de san Pablo. Pero te invitamos a que los descubras en toda su riqueza leyendo el manual de Cristología, donde se desarrollan con mayor detalle. En los párrafos anteriores la relación se ha fundado más bien en los evangelios sinópticos, primero, porque traen con mucho frescor las palabras y acciones de la vida terrena de Jesús de Nazaret; segundo, por dejar abierto el apetito de seguir profundizando en los misterios de la vida de Jesús en otros manuales que te resultarán de mucho interés.

No hay dos sin tres

La revelación de Jesús se da en diálogo con los hombres y, a la vez, en un diálogo íntimo con Dios, desarrollado en relación permanente con quien llama su Padre, utilizando así en su relación con

Dios un término relativamente poco usado en el Antiguo Testamento. En el Nuevo Testamento se comprueba, a la vez, que este diálogo se abre a un trío, pues en las palabras y en las acciones de Jesucristo aparece como tercer protagonista el **Espíritu.** Aunque la presencia del Espíritu Santo en el Nuevo Testamento la puedas asociar al día de Pentecostés, lo cierto es que está desde el principio de la misión de Jesús. De hecho, el término *Cristo* significa precisamente el *Ungido* por el Espíritu Santo para una misión: *Me refiero a Jesús de Nazaret, ungido por Dios con la fuerza del Espíritu Santo, que pasó haciendo el bien y curando a todos los oprimidos por el diablo, porque Dios estaba con él* (*Hechos* 10, 38).

Las alusiones al Espíritu son frecuentes en el Antiguo Testamento. Según está escrito en él, las intervenciones de Dios en la creación y en la historia se realizan en el Espíritu, a través del cual se va designando a los líderes de Israel y se va tejiendo y renovando, como en sucesivas mareas, la alianza entre el pueblo y Dios. Sería anacrónico, de todas formas, descubrir en estas intervenciones la revelación personal del Espíritu Santo, ya que en el Antiguo Testamento el Espíritu aparece no como persona, sino como una fuerza propia de Dios, mediante la cual crea y actúa.

Esta idea seguirá presente en los evangelios **sinópticos**, dado que Jesús es guiado por el Espíritu de Dios y actúa con su poder, especialmente en los exorcismos, donde se emplea la imagen del dedo de Dios para hablar del Espíritu: *Si yo echo los demonios con el dedo de Dios, entonces es que el reino de Dios ha llegado a vosotros* (*Lucas* 11, 20). Pero hay un momento en el que la aparición del Espíritu Santo desvela su secreto más íntimo: en el Bautismo, la aparición del Espíritu Santo conlleva la revelación de Jesús como el Hijo Amado. No se trata de una llamada divina para un ministerio público, al estilo de una vocación, ni de la escenificación del final de su preparación, al estilo de una graduación, sino de la declaración de la condición propia de la personalidad de Jesús. Precisamente por ser el Hijo de Dios en el amor del Espíritu Santo, Jesús puede presentarse a sí mismo no solo como aquel guiado por el poder del Espíritu, sino como aquel que puede entregarlo a los demás y, en definitiva, como Señor del Espíritu.

La presencia del tercer protagonista en la vida íntima de Jesús se contempla con particular profundidad en el evangelio **joánico**, especialmente la figura de Jesús como el que entrega el Espíritu Santo: a Nicodemo, a la samaritana y a todo a quien se acerca y cree en Él. Al final de su vida terrena, Jesús ofrecerá enseñanzas esenciales para comprender su relación con el Espíritu Santo, como puedes leer en *Jn* 14-16. Jesús promete el Espíritu Santo, que será enviado por el Padre. Será el Espíritu quien enseñe la verdad plena sobre Jesús, y quien defienda a los discípulos en su ausencia. Más adelante, en los capítulos dedicados a la pasión y resurrección, este evangelio señala que la culminación de la misión de Jesucristo se realiza en el don culminante del Espíritu Santo: es donado por Jesucristo en la cruz y es comunicado a los apóstoles en la resurrección. La vida de Jesús y la presencia del Espíritu Santo, la misión del Hijo y la del Espíritu Santo, por tanto, están claramente unidas, sin que por ello los dos protagonistas se confundan.

La relación especial de Jesucristo con el Espíritu Santo recibe una nueva profundización en las cartas **paulinas**. El Espíritu Santo queda descrito en las obras de san Pablo como la potencia de Dios, especialmente mostrada en su papel de dar vida y de iluminar para el conocimiento de Dios. Por ello la relación entre Jesús y el Espíritu Santo alcanza su momento culminante en la Resurrección: [Jesucristo nuestro Señor], *constituido Hijo de Dios en poder según el Espíritu de santidad por la resurrección de entre los muertos* (*Romanos* 1, 4). Jesús Resucitado es presentado por san Pablo como Señor del Espíritu, de modo que el Hijo y el Espíritu Santo cooperan en continuidad de uno con otro en la realización del plan trazado por el Padre en la economía de la salvación. Esta continuidad se muestra, por ejemplo, en que la acción del Espíritu Santo en este plan es transformar a quien lo recibe en Cristo, haciéndole hijo de Dios por adopción. Por otra

parte, san Pablo no solo subraya con fuerza la continuidad inseparable entre la misión del Hijo y la del Espíritu Santo (cfr. *Gálatas* 1, 4-6),
no solo destaca que Cristo es Señor del Espíritu (cfr. *2 Corintios* 3, 17),
sino que, además, evoca cierto carácter personal en el Espíritu Santo.
En efecto, no solo aparece como una fuerza del ser divino, sino que
aparece como sujeto de las mismas acciones personales que realiza
el Hijo: habita, reparte, escruta, escucha y, especialmente, intercede
por aquellos que lo han recibido de manos del Hijo: *El Espíritu acude
en ayuda de nuestra debilidad, pues nosotros no sabemos pedir como
conviene; pero el Espíritu mismo intercede por nosotros con gemidos inefables* (*Romanos* 8, 26). No denomina *persona* al Espíritu Santo, pero
su carácter personal queda manifiesto.

En definitiva, la comprensión de la relación del Hijo con el Espíritu
Santo se va enriqueciendo en este camino que, partiendo de las palabras y acciones de Jesús recogidas en los sinópticos, se desarrolla en
las reflexiones de los escritos joánicos y paulinos. El Nuevo Testamento revela, por tanto, cómo el Hijo y el Espíritu Santo están unidos
por una relación particular, muy distinta a la que había existido entre
el Espíritu de Dios y los ungidos o profetas del Antiguo Testamento.
La relación llega a su plenitud en la Resurrección de Jesucristo, momento en el que Jesús es constituido Señor para dar el Espíritu Santo,
de modo que sea este quien, en intrínseca unión con la misión salvadora del Hijo, transforme a los creyentes en Cristo y los conduzca a
compartir la relación filial de Jesucristo con Dios-*Abbá*. Sin Jesucristo
no hay don del Espíritu Santo; sin el Espíritu Santo no hay unión con
Jesucristo ni, entonces, canal de acceso para compartir su filiación al
Padre.

El testimonio del Padre, del Hijo y del Espíritu Santo

El mar que se nos ha revelado en el Nuevo Testamento, por tanto,
está intensamente teñido de color trinitario. El color no procede de
que el Nuevo Testamento contenga fórmulas de fe explícitas y desa-
rrolladas sobre la Trinidad; estas vendrán después en la medida en

que la Iglesia reflexione sobre esta revelación. El color lo aplica el mismo Jesús, porque, recibiendo el monoteísmo del Antiguo Testamento, a la vez se reconoce en su más profunda intimidad como el Hijo Amado, actuando con el Espíritu Santo en una inseparable continuidad, para cumplir la economía de la salvación proyectada por el Padre. Este colorido trinitario de la revelación de Jesús se percibe con singular intensidad en algunas expresiones concretas del Nuevo Testamento, llamadas **fórmulas trinitarias.** En ellas cristaliza la riqueza de revelación que el *tsunami* desatado a orillas del Mar de Galilea ha dejado sobre la tierra. Un *tsunami*, lamentablemente, deja en la tierra una dolorosa huella de destrucción y muerte; pero ya sabes que este tsunami divino ha dejado un riquísimo sedimento de conocimiento de Dios y de vida divina.

En este sedimento destacan estas fórmulas trinitarias que, pese a su antigüedad, no son fósiles inertes, sino testimonios vivos de la fe del Nuevo Testamento en el único Dios viviente, que es Padre, Hijo y Espíritu Santo. Una de las más antiguas es la que cierra el evangelio de Mateo. En esta fórmula se armonizan la unidad (es un nombre) y la distinción (son tres personas, cada una con su artículo): *Id, pues, y haced discípulos a todos los pueblos, bautizándolos en el nombre del Padre y del Hijo y del Espíritu Santo* (*Mateo* 28, 19). Fórmulas como esta, precisamente por su antigüedad, son un testimonio fiable de cómo desde su mismo origen la Iglesia profesó en su fe y en su liturgia una relación viva con el Dios Uno y Trino. Son expresiones que no ofrecen todavía una reflexión sobre la fe trinitaria, pero que nos recuerdan que no se da una verdadera experiencia cristiana sin una referencia a la Trinidad. Por eso verás a continuación cómo los aspectos fundamentales de esta experiencia, como son la creación, la revelación y la salvación que viene de Jesucristo, la santificación, la vida y la liturgia de la comunidad cristiana o la vida eterna, tienen ya en el Nuevo Testamento una forma y una expresión trinitaria.

En todas las fórmulas aparecen el Padre, el Hijo y el Espíritu Santo unidos y en distinción uno de otro, aunque no siempre de la misma manera ni en el mismo contexto. Conviene, por tanto, agrupar estas fórmulas en cinco contextos: la creación, la salvación realizada por Jesucristo, la economía salvífica, la Iglesia y la Liturgia. Las fórmulas relativas a la **creación**, aunque no ofrezcan afirmaciones trinitarias explícitas (pues se centran en el Padre y el Hijo), sí evocan la distinción de sujetos en la obra creadora (cfr. *Colosenses* 1, 15-16). Con respecto a la **salvación** de Jesucristo, la presencia del Padre y del Espíritu Santo en los momentos cruciales de la misión salvadora del Hijo se recoge en algunas de las fórmulas más antiguas de la predicación apostólica (puedes leer *Hechos* 2, 32-33 o *Hechos* 5, 30-32 o bien *Romanos* 1, 3-4). La **economía salvífica** se expresa como un plan previsto en la eternidad y revelado en el tiempo siguiendo una forma trinitaria en algunos textos paulinos (cfr. *Efesios* 1, 3-6). Las fórmulas situadas en el contexto relativo a la **Iglesia** muestran cómo toda ella está marcada por la presencia del Padre, del Hijo y del Espíritu Santo (cfr. *Efesios* 2, 20-22).

De especial interés son las fórmulas dedicadas a la vida litúrgica de los cristianos en la oración y en los sacramentos, dado que muestran la estructura trinitaria que la Liturgia adquiere desde el principio. Estas fórmulas manifiestan que la **oración** cristiana es trinitaria, dirigiéndose al Padre por medio del Hijo en el Espíritu Santo (cfr. *Efesios* 3, 14-17). Las fórmulas bautismales expresan que este **sacramento** es una acción del Padre, por la que el ser humano es unido al Hijo y queda enriquecido con los dones del Espíritu Santo; san Pablo lo declara con expresividad en pasajes como *1 Corintios* 6, 11 o bien *2 Corintios* 1, 21-22. La importante referencia trinitaria que cerraba el evangelio de Mateo, tenlo presente, es también una fórmula bautismal.

Por tanto, según el testimonio del Nuevo Testamento, ya en los mismos misterios en que los cristianos eran iniciados, en las celebraciones sacramentales, recibían el misterio de la fe trinitaria. Al ser bautizados en el nombre del Padre, del Hijo y del Espíritu Santo, los discípulos de Jesús de Nazaret no solo reciben la gracia de compartir en el Espíritu Santo la filiación de Jesucristo al Padre, sino que se les daba a conocer, en la misma fórmula sacramental, el misterio del mar divino que en Jesús se había dado a conocer. Por ello, la liturgia es, desde los comienzos de la Iglesia, la puerta de entrada a la fe y a sus misterios, como una suerte de primera teología, que hace posible la reflexión teológica que en el devenir histórico de la Iglesia busca entender mejor los misterios de la fe mediante la tarea de la razón iluminada por el mismo Dios que se revela.

Los primeros pasos por la historia de esta tarea, quizás los más decisivos, son el contenido de los dos capítulos siguientes. El *tsunami* desatado por Jesús de Nazaret dejó abierto, por fin, la salida al mar, que no es otra que la revelación del único Dios, Padre, Hijo y Espíritu Santo. La Tradición de la Iglesia se sabía depositaria y custodia de este tesoro, tan deseado por la humanidad a través de los siglos, y como tal se esforzaría en entenderlo con mayor claridad. Aceptando y asumiendo la fe trinitaria, cada creyente podría ir construyendo la barca de su fe personal para, con ella, poder navegar por el mar al que ya podía acceder. Pero para ello era fundamental que la fe trinitaria, armazón fundamental para diseñar las distintas barcas, se presentara sin alterar la revelación de Jesús. Por ello, la Tradición también debería defender la integridad de la fe en la Trinidad frente a aquellos que enseguida tratarían de distorsionarla, para extraviar a muchos y cerrarles la posibilidad de alcanzar el mar.

Este esfuerzo por salvaguardar la pureza de lo revelado en el Nuevo Testamento, que para muchos cristianos supondría el martirio, acabará dando lugar a una lucha de tres siglos entre los piratas que trataban de robar la fe trinitaria (los notables herejes de la antigüedad), y los capitanes que protegían la fe que habían recibido (los Padres de la Iglesia), en quienes, como fruto acabado, quedó recogida la genuina expresión teológica de la revelación de Jesús de Nazaret.

RESUMEN

- El verdadero conocimiento de Dios parte de la revelación de Jesús de Nazaret, recogida en el Nuevo Testamento y custodiada por la Tradición y el Magisterio de la Iglesia. Este conocimiento busca la salvación del ser humano y la plenitud de todas sus necesidades y capacidades.

- El Dios único revelado por Jesucristo es el Padre, el Hijo y el Espíritu Santo, por lo que existe una relación esencial entre Cristología y Teología Trinitaria. En el dinamismo de esta revelación se pueden distinguir la Trinidad Económica, como manifestación del Dios Uno y Trino en la historia de la salvación, y la Trinidad Inmanente, como vida íntima e inaccesible de la Santísima Trinidad.

- La revelación del Dios Uno y Trino en el Nuevo Testamento viene preparada por el Antiguo Testamento, que de manera provisional da a conocer el Nombre de Dios, sus principales atributos, su bondad y sabiduría y su apertura a la relación personal.

- En la experiencia de Jesús destaca su pretensión: Él es el Hijo que tiene una relación única de conocimiento y amor con su Padre Dios. De aquí parte el camino que lleva a descubrir que en Dios se dan paternidad y filiación.

- El Hijo y el Espíritu Santo están particularmente unidos en el Nuevo Testamento: el Padre entrega por el Hijo al Espíritu para que el ser humano pueda participar en la filiación divina.

- La revelación de Jesús acogida en la fe trinitaria se expresa pronto en la vida, la fe y la liturgia de las comunidades cristianas. Ya en el Nuevo Testamento se encuentran numerosas fórmulas trinitarias que dan testimonio de ello, especialmente vinculadas al sacramento del Bautismo.

Capítulo 3

Capitanes y piratas

Enseñando junto al Mar de Galilea Jesucristo comienza a revelar el más íntimo misterio de Dios y de la salvación humana, como has leído en el capítulo anterior. Enviado por el Padre, ha abierto los ojos de los discípulos para que conozcan el mar infinito y lleno de vida que es el único Dios, Padre, Hijo y Espíritu Santo, y ha encargado a la Tradición de la Iglesia que este misterio sea custodiado y progresivamente entendido. Esta revelación ha quedado consignada en el Nuevo Testamento, culminación de la revelación comenzada en el Antiguo. Por un lado, en los testimonios de la íntima relación de Jesús con el Padre y con el Espíritu Santo, que ya conoces. Por otro, en los numerosos pasajes de los textos inspirados en los que se hace referencia, no siempre explícita, al misterio del Dios Trinidad, especialmente en las fórmulas del Nuevo Testamento que desde el principio expresan la fe trinitaria de la Iglesia.

De la reflexión a la piratería

En este principio, la contemplación y celebración de la fe tenía más peso que la reflexión sobre sus más profundos misterios, especialmente el trinitario. Esto no quiere decir, por supuesto, que los cristianos no hayan reflexionado sobre los misterios de su fe desde el principio (baste recordar las aportaciones paulina y joánica), sino que el acceso a la fe trinitaria se daba aceptando la Tradición enseñada por la Iglesia y vivida en su Liturgia, más que a través de la reflexión y la especulación.

Por otra parte, la reflexión en este principio de la Iglesia se centraba en el misterio de la redención: quién es el Redentor, cómo nos ha redimido, a quiénes y con qué esperanza. Es decir, la teología empieza por el conocimiento del misterio redentor de Jesucristo, su persona y su obra, es decir, se trata de una teología de marcado color cristológico. Será a partir de la Cristología como los cristianos comiencen a esbozar una reflexión sobre el misterio de Dios mismo, esencialmente a plantearse cómo explicar la relación entre la persona y la obra de Jesucristo y la vida intradivina, siguiendo el camino marcado en el Nuevo Testamento.

Esta relación empezó a descubrirse siguiendo dos caminos fundamentales. El primer camino, basándose especialmente en los evangelios sinópticos, describe a Jesucristo como un hombre especial, revestido de poder divino y presentado como el Mesías prometido al pueblo de Israel. El segundo, refiriéndose especialmente a las cartas de san Pablo y al cuarto evangelio, muestra a Jesús como alguien que excedía la mera naturaleza humana, procediendo de la divinidad. Aunque estas dos formas no son contradictorias (más bien son complementarias), darían pie a las primeras reflexiones en torno a la relación entre Jesucristo y Dios, que, aunque no hicieron referencia a la Trinidad en un primer momento, provocarían sin embargo el comienzo de lo que sería la Teología Trinitaria, bien ortodoxa o bien herética.

La teología ortodoxa, de hecho, fue surgiendo en ocasiones como respuesta a algunas reflexiones heréticas. De ellas las más peligrosas fueron las que siguieron los dos caminos de forma radical y racionalista: el **adopcionismo**, que llevó a consecuencias heréticas el primer camino (Jesús es un simple hombre), y el **gnosticismo**, que hizo lo propio con el segundo (Jesús es un ser divino próximo a la humanidad). Son muestras muy tempranas de la reflexión teológica sobre la relación entre Jesucristo y Dios, pero son también dos muestras de cómo la reflexión puede piratear la fe transmitida por la Tradición con apariencia de fidelidad a una tradición antigua o de respeto a la racionalidad. Se podría comparar a sus autores con los piratas, en el sentido de que, pertrechados de razones, robaban la fe verdadera que los cristianos recibían de la Tradición y ofrecían a los incautos unirse a sus filas. Así, les impedían navegar por el mar verdadero y los recluían en las calas y refugios que ellos mismos con sus razonamientos se habían construido.

Conviene que conozcas bien a estos primeros piratas, ya que la primera reflexión teológica de la Iglesia vendrá marcada por la necesidad de desenmascararlos y derrotar su argumentación. De ello se encargarán sus mejores capitanes: los grandes Padres de la Iglesia. Por otra parte, los razonamientos de los herejes se irán repitiendo a lo largo del tiempo, por lo que, si conoces bien a los primeros, entenderás mejor a los que han ido viniendo después. Vamos a por ellos.

Los **adopcionistas** se sitúan en la primera línea cristológica (Jesús como hombre especial), convirtiéndola en la única a tener en cuenta para su reflexión, y ocultando la segunda. Anclados en la tradición inmemorial del pueblo judío, parten de la absoluta unidad de Dios, que no puede relacionarse con otros dioses; en este sentido encabezan la lista de los **monarquianos**, es decir, los que afirman que la unicidad de Dios le asemeja a un monarca absoluto, que gobierna en soledad, pues un Dios único debería suponer también una única persona. De la misma tradición asumen la idea de que el Mesías prometido, como Hijo de David, había de ser meramente humano. La conclusión es bastante clara: Jesucristo es un ser humano excepcional, adoptado por el único Dios de Israel al recibir el Espíritu y proclamado Mesías para redimir a su pueblo. Para los adopcionistas, por tanto, la relación de Jesucristo con Dios es la de un hombre singular, y la riqueza de vida y amor trinitario vislumbrada en el Nuevo Testamento se pierde en la soledad de un Dios monárquico, en el sentido de único y unipersonal.

Los **gnósticos**, por el contrario, parten de la segunda línea, olvidando la primera. Para ellos la naturaleza humana de Jesús es secundaria, de hecho, pueden llegar a ponerla entre paréntesis y convertir su corporalidad en mera apariencia (lo que se llama *docetismo*). Lo que interesa en las reflexiones gnósticas es llegar al conocimiento (a la *gnosis*) del camino revelado por Jesucristo para alcanzar el ser divino. Este aparece como un riquísimo mundo de espacios, personas y entidades lógicamente jerarquizadas, como un puerto seguro al que tiene que llegar el hombre iluminado interiormente por el conocimiento. El hombre que así se salva (el *gnóstico*, el *conocedor*) no recibe el conocimiento del mar divino por la Tradición de la Iglesia, sino por las especulaciones que, basándose en ella, habían desarrollado algunos maestros, por ejemplo, el romano Valentín, el más conocido de ellos.

Para los adopcionistas no hay Teología Trinitaria, pues no hay Trinidad real en Dios, y para los gnósticos tampoco, pues el ser divino es una interminable constelación de entidades. Sin embargo, en sus primeros años, la Iglesia desarrollará frecuentemente su Teología Trinitaria como reacción contra ellos. Contra los adopcionistas tendrá que explicar que la unicidad del Dios de Israel no excluye la diversidad de personas, sino que en ella cabe la divinidad de Jesucristo y la del Espíritu Santo. Tendrá que aclarar también, contra los gnósticos, que la riqueza del ser divino espiritual no devalúa el mundo material ni la corporalidad, ni mucho menos supone una pluralidad de personas divinas en distintas jerarquías.

En cualquier caso, habrás observado que ambas escuadras piratas se presentan con mucha sensatez: la primera, según una venerable tradición (el monoteísmo estricto de Israel), la segunda, según la cultura dominante de la época (el helenismo pagano). Era totalmente razonable, para aquellos pertenecientes a la antigua tradición del pueblo judío, que la unicidad del Dios de Israel excluya la divinidad de Jesucristo. Era perfectamente lógico, para los que se sienten dentro de la tradición de la filosofía pagana, considerar a Jesucristo como un ser divino de categoría a determinar, a quien el Dios inaccesible del neoplatonismo había puesto como mediador entre el mundo divino y los *gnósticos* privilegiados. Ambas son razonablemente sensatas para los esquemas culturales de los que parten, pero las dos escuadras son herejías. Es natural ver aquí que cuando en la reflexión sobre la fe se busca el encaje fácil con la mera racionalidad, con la tradición humana o con la cultura dominante, al final lo que se consigue es una falsificación pirata, que hunde la fe trinitaria y que hace naufragar a muchos. La fe es razonable, y su reflexión correcta es la teología, pero no es racionalista, y una reflexión supeditada a los condicionantes de una tradición o de un momento cultural lleva fácilmente a navegar en un buque fantasma.

Los primeros capitanes

Los Padres de la Iglesia son los primeros grandes testigos de la fe, la teología, la liturgia y la vida de la Iglesia, después de la generación apostólica. En los primeros, como san Clemente o san Ignacio de Antioquía, se encuentran alusiones trinitarias formuladas con toda naturalidad, como reflejo de cómo la fe en el Padre, en el Hijo y en el Espíritu Santo está presente en la vida y en la liturgia de las comunidades cristianas. Sin embargo, no tienen propiamente una Teología Trinitaria que reflexione sobre las tres personas en el marco del único ser divino. Tampoco tienen un lenguaje preciso para su reflexión, sino que tendrán que ir elaborándolo con el tiempo. Por eso en este capítulo verás también la evolución del lenguaje para hablar de la Trinidad. Y, como esta evolución se realiza en terreno griego y latino, no habrá más remedio que familiarizarse con algunos términos en estos idiomas. Pero bueno, un paseo por el mundo clásico nunca viene mal.

Esta evolución, animada por los primeros ataques piratas, encuentra un primer momento fuerte en el primer gran teólogo de la Trinidad: **san Justino.** Su gran aportación es la teología del *Logos* para explicar la diversidad de personas dentro del único Dios. El Logos, el Verbo del que había hablado ya el cuarto evangelio, es una entidad divina, engendrada en el pensamiento de Dios Padre antes de la Creación. El Logos divino, que es Hijo por ser engendrado, es también Creador, y va hablando a los profetas hasta que se encarna como hombre verdadero: Jesús. Se explicaba así la riqueza de la vida interior del ser divino, en la que es engendrado el Logos, la relación entre el Logos y el Padre, la divinidad del Hijo y el realismo de la humanidad de Jesucristo.

Pero, como toda explicación de Dios es imperfecta, no ofrece (ni pretendía hacerlo) una explicación total del misterio del ser divino, cosa que sí pretendían los piratas que ya conocemos. Por esta imperfección, algunas de sus explicaciones podrían malinterpretarse; por ejemplo, al no acentuar suficientemente la unidad del ser divino, esta teología podría parecer un diteísmo, es decir, postular la existencia de dos dioses, o seres divinos: el Padre y el Logos. Por otro lado, no aclara totalmente que la divinidad del Hijo es igual a la del Padre, por lo que podría dar pie al subordinacionismo. Algunos podrían interpretar, en este sentido, que para san Justino el Hijo es divino, pero con una divinidad de rango inferior, subordinado, por tanto, al Padre, como si san Justino presentara una doctrina semejante a las jerarquías gnósticas del mundo divino.

Con su analogía entre la fecundidad del pensamiento humano y la generación del Logos en la mente divina, san Justino da un paso muy arriesgado, un paso que podría incluso malinterpretarse (como diteísmo o como subordinacionismo). Pero el riesgo valió la pena, ya que de esta forma abrió el camino a reflexiones que poco a poco se irán acercando a una explicación más completa y definida de la Trinidad. En este sentido, te interesará conocer a dos importantes teólogos que siguieron la pista de san Justino, y que con él forman el conjunto de capitanes denominado *Padres Apologetas*. **Atenágoras** hace el primer planteamiento serio de la cuestión trinitaria: hay que reflexionar sobre la unidad de Dios y sobre la distinción entre el Padre, el Hijo y el Espíritu Santo. **Teófilo** utiliza por primera vez la palabra *trias*, que es un término griego para hablar de la Trinidad que tomará carta de naturaleza en el lenguaje teológico. Además, desarrolla la teología del Logos con un apunte importante: el Logos es engendrado como Hijo en el corazón del Padre desde antes de la Creación, y es pronunciado como Palabra creadora, siendo así Primogénito de toda la Creación.

En resumen, estos tres capitanes te ofrecen ya una interesante teología de la *procesión* del Logos, es decir, de cómo este *procede* del Padre, que recurre al ejemplo, o analogía, con la fecundidad de la mente humana en la generación de su pensamiento. No tratan, sin embargo, la igual jerarquía divina del Logos con el Padre, ni tampoco si su generación es eterna o simplemente anterior a la Creación. Hablan mucho de la presencia del Espíritu Santo en el plan salvador y santificador de Dios, pero no aclaran cuál es su posición en la unidad de la vida divina. Son capitanes pioneros, que abren rutas a la reflexión, plantean cuestiones, tratan de oponer a los herejes una teología válida y asumen riesgos intelectuales con sus explicaciones y analogías, especialmente el de aproximarse demasiado a sus oponentes.

El riesgo de acercarse al gnosticismo, sin embargo, le pareció un precio demasiado elevado al siguiente gran capitán, **san Ireneo.** Este Doctor de la Iglesia prefirió no entrar en demasiadas especulaciones sobre el misterio de la vida interior divina, precisamente porque la lucha contra los piratas gnósticos (y por supuesto, también adopcionistas) tenía alta prioridad en su teología. Por ello preferirá hablar de la acción del Padre, el Hijo y el Espíritu Santo a lo largo de la economía de la salvación, más que de la relación entre ellos en el interior del mar divino. En esta historia salvadora, el Padre nos ama, el Hijo nos revela al Padre y el Espíritu Santo nos santifica para que tengamos la perfecta imagen de Dios. El Hijo y el Espíritu Santo son las dos manos con las que el Padre va modelando al ser humano, cuerpo y alma, hasta llevarlo a la perfecta visión y comunión con Dios. En definitiva, san Ireneo no bucea en las profundidades arriesgadas de la vida divina, sino que trata la acción del Padre, el Hijo y el Espíritu Santo, en cuanto que protagonizan la revelación cristiana en su proyecto de salvación de la humanidad.

Acompañando a san Ireneo has llegado ya finales del siglo II. Aquí aparecerá otra escuadra pirata, que toma el relevo de los adopcionistas, ya casi derrotados en esta época. Como ellos, los **modalistas** ponen su atención en la estricta unidad del Dios de Israel, y en este sentido son también monarquianos. Pero como ya no pueden negar la existencia de tres entidades divinas en el único Dios de la tradición cristiana, solucionan el misterio afirmando que el Logos (o el Hijo) y el Espíritu Santo son meros *modos* de presencia (o disfraces, o máscaras, se podría decir también) que el Padre utiliza en su relación con los seres humanos. De nuevo, la unicidad de Dios lleva a afirmar su soledad y la ausencia de toda relación en su interior, pues nadie puede relacionarse con su propia colección de máscaras. En esta escuadra encontramos dos piratas de renombre: **Noeto** y **Práxeas**, que con su doctrina tan asequible a la razón consiguieron un notable número de seguidores.

Contra el primero escribe **san Hipólito**, a comienzos del siglo III. Recoge la idea de la máscara modalista, pero le da un nuevo significado: el de personaje, o persona en una representación. En el teatro griego de la época, *prosopon* servía para designar tanto la máscara como el personaje que la llevaba. Con esta sencilla analogía, expone que en el interior de la vida divina hay un verdadero diálogo entre dos personas, por lo que el Padre y el Hijo tienen cada uno su *prosopon* (persona). Siendo como dos personas, sin embargo, no actúan como dos seres distintos, pues están unidos totalmente en el dinamismo de su querer y su actuar; se trata, pues, de una unidad dinámica. La diversidad de la vida divina está, por tanto, en el diálogo entre las personas, mientras que la unidad del ser divino está en la comunión absoluta de su querer y su acción. El planteamiento entre la diversidad de las personas divinas y su unidad de ser y acción que desarrolla san Hipólito va a tener una gran influencia en los capitanes que vendrán después.

Su contemporáneo **Tertuliano** combate la escuadra del pirata Práxeas, un modalista al que se le llama *patripasiano*, pues afirmaba que quien había padecido en la Cruz era el mismo Padre, llevando el modo o máscara de Hijo. Este resuelto capitán africano escribe ya en latín, y nos va a dejar, por tanto, dos palabras importantísimas en nuestro lenguaje teológico: *Trinitas* (traducción latina de la griega *trias*) y *Persona* (de la palabra *prosopon*). Añadiendo la palabra *substantia* (esencia, o naturaleza) nos va a facilitar finalmente una primera fórmula trinitaria: tres personas partícipes de una sola sustancia. Son tres personas realmente distintas, que comparten una misma sustancia divina y un mismo poder divino, y que tienen cada una su papel. El Padre, fuente de la divinidad, se contempla a sí mismo y, contemplando su plan salvador, engendra al Verbo como Hijo para llevarlo a cabo; el Hijo nos hace visible al Padre, y el Espíritu Santo nos hace presente al Hijo. Con una fórmula redonda, Tertuliano expresa la vida interior de Dios, inaccesible en sí, y, al mismo tiempo, nos describe la acción de las tres personas divinas en el proyecto salvador que ha hecho posible que Dios sea accesible al ser humano. Además, Tertuliano nos ha dejado algunos ejemplos, en analogía con el mundo creado, para ilustrar cómo es la relación de las tres personas en un único Dios: el único sol tiene un núcleo, un resplandor y un rayo; un único río tiene un manantial, un nacimiento y un curso.

Tanto las imágenes como las palabras para hablar de la Trinidad están recién nacidas y, por tanto, carecen todavía de la precisión necesaria para describir teológicamente el misterio trinitario. Sin embargo, llegando hasta aquí, contemplas la perspectiva espléndida del esfuerzo teológico de tantos capitanes, que han ido encadenando sus aportaciones para ir alimentando poco a poco el gran río de la reflexión trinitaria de la Iglesia. El último eslabón de esta cadena de grandes capitanes lo encontramos en **Orígenes**, que cierra esta primera etapa.

Los piratas que más le preocupan no son los gnósticos, quienes estaban ya en franco retroceso a mediados del siglo III. Más bien le movilizan las diversas escuadras monarquianas (sobre todo modalistas) que anulaban la pluralidad y la riqueza de la vida divina. Para acercarse a ella, parte de un modelo cercano al pensamiento platónico. La actividad del pensamiento divino se hace personal en el Hijo Unigénito, que encierra en sí todo lo que Dios va a realizar en la creación y en la redención de sus criaturas. Puedes imaginarte que a Orígenes le gusta el término Logos para referirse al Hijo, y así es, pero le da un sentido más avanzado que el que tenía en san Justino. Por un lado, el Logos se considera ya un sujeto divino individual y subsistente (una *hypostasis*, en griego), con lo que su ser personal queda más marcado. Por otro, la procesión en la que el Logos es engendrado por el Padre se realiza desde la eternidad, no simplemente antes de la Creación.

Como la teología se perfecciona, el lenguaje también, y, por ello, te vendrá bien apuntar y clarificar unos cuantos términos antes de seguir leyendo esta historia. Cuando Orígenes usa *hypostasis*, usa este término en el sentido de alguien que tiene subsistencia en sí mismo, entidad propia, que no es, en definitiva, una simple expresión de otro. Subraya más la entidad propia de lo que lo hacía el término *prosopon*, que significaba máscara o personaje. En la traducción latina, *hypostasis* será *subsistentia* y *prosopon* será *persona*. Ambas palabras latinas acabarán siendo casi equivalentes, dando cada una un matiz propio al sujeto: *subsistentia* su entidad propia y *persona* su apertura al diálogo y la relación. El problema estará, como verás dentro de poco, con la confusión entre *subsistentia (hypostasis)* y *substantia (ousia)*, agravada por el doble significado de la palabra *ousia* en la filosofía griega (*ousia* primera es un individuo particular, *ousia* segunda es una esencia común a muchos individuos). Sin entrar ahora en más detalles sobre estos términos, seguro que te ha bastado este párrafo para entender que un lenguaje claro, bien definido y aceptado por todos, es algo absolutamente necesario para que la teología no se convierta, como verás en los párrafos que siguen, en una reedición de la confusión de Babel.

Volviendo a Orígenes, su teología propone una *hypostasis* para cada uno de los tres sujetos divinos. Aunque refuerza la riqueza de la vida intradivina al hablar de la diversidad de *hypostasis*, Orígenes propone, a la vez, una absoluta unidad en su acción, es decir, diversidad de tres personas en unidad dinámica que es eterna. Este nivel avanzado, sin embargo, no es todavía el definitivo. Orígenes adolece del defecto habitual de la teología del Logos: no evitar completamente el subordinacionismo, pues la diversidad de las tres *hypostasis* personales parece sugerir a veces la existencia de tres niveles jerárquicos dentro del mundo divino (de modo que el Espíritu Santo quedaría subordinado al Hijo y este al Padre). Tampoco remata la integración de la presencia del Espíritu Santo en su explicación de la vida divina, pues lo relega al papel de primer ser personal creado por Dios mediante el Logos: el Espíritu es creado como aquel que recoge en sí todos los carismas para donarlos a los hombres. No es una explicación muy correcta, pero al menos muestra ya una idea importante que Tertuliano había apuntado y que vas a encontrar en un gran navegante como san Agustín: el Espíritu Santo es la persona que se define como don.

Con esta nota positiva has alcanzado el final de esta primera serie de capitanes. Has visto cómo en diversos estilos y planteamientos teológicos, han ido combatiendo múltiples herejías, muy diversas, y a veces incompatibles entre sí. Lo han hecho, además, en los tres primeros siglos de la Iglesia, enfrentados, por tanto, periódicamente con persecuciones y grandes dificultades. En el cambio de siglo llega la segunda serie de capitanes, que lucharán en un campo muy distinto. Aunque las antiguas escuadras piratas seguirán a flote, todas serán eclipsadas por una gran herejía global: el **arrianismo**, que estuvo a punto de ganarse a toda la Iglesia para sus filas.

Esta lucha terrible, además, la tendrán que sostener los capitanes contando con un peligroso regalo envenenado: el favor imperial. Desde el reinado de Constantino y el final de las persecuciones, a comienzos del siglo IV, la Iglesia es para el Imperio una institución a la que amparar, pero también un sujeto a quien manipular y controlar. Vamos a ver lo que ocurrió con este nuevo escenario en el siguiente apartado.

Los capitanes del triunfo

Sin ánimo de hacer un *spoiler*, hay que adelantar la noticia de que en esta terrible lucha ganarán finalmente los capitanes de la fe ortodoxa. Igual que los ataques de las primeras herejías contribuyeron a desarrollar la valiosa reflexión teológica de los primeros Padres de la Iglesia, el ataque global del arrianismo impulsó a los grandes Padres del siglo IV hacia niveles de excelencia en la Teología Trinitaria. Un ataque global, a fin de cuentas, propició un triunfo global para la fe de la Iglesia, que quedará plasmado dogmáticamente en los concilios ecuménicos (universales, es decir, globales) de Nicea y Constantinopla.

Pero ¿de dónde surge el arrianismo y por qué desencadenó una crisis global en la Iglesia? Como primera respuesta puedes apuntar que esta herejía proviene de recoger la última gran Teología Trinitaria de los primeros Padres, que es la de Orígenes, y reformularla de tal manera que encajara razonablemente con la cultura dominante de la época. En segundo lugar, su demoledora potencia para tambalear la Iglesia vino también de su peligrosa ambigüedad, ya que se podía ser arriano usando palabras propias del lenguaje ortodoxo. Pero había además un nuevo factor: el político. La postura de muchos eclesiásticos frente al arrianismo dependía ahora de la postura adoptada por el Emperador, un benefactor a quienes muchos no querrían decepcionar. Y a su vez, la postura del Emperador ante el arrianismo dependía en buena medida de sus equilibrios políticos para salvaguardar la unidad del Imperio.

Así, teniendo unos comienzos muy discretos, en torno al año 320, el arrianismo se convirtió en la mayor amenaza para la Iglesia a lo largo del siglo IV. Surge de la persona de **Arrio**, teólogo y predicador de alto nivel, que se posiciona fuertemente contra cualquier intento de eliminar la riqueza personal del mundo divino. A estas alturas ya podrás ver que, como Orígenes, está muy lejos de la escuadra monarquiana (sea adopcionista o modalista) y muy próximo a la doctrina de las tres *hypostasis*. El problema es que también estaba, como la escuadra gnóstica, demasiado próximo a la cultura helenista del neoplatonismo. Y en ella, dos entidades divinas de la misma jerarquía, coexistiendo eternamente, como el Padre y su Logos, eran un absurdo racional inadmisible. La racionalidad de aquel tiempo aceptaba la idea de la pluralidad de entes dentro del mundo divino, pero siempre salvando la distancia entre el Dios verdadero e inaccesible (el Padre) y los entes divinos que, en compleja secuencia jerárquica, mediaban entre Dios y el mundo material.

Por tanto, para encajar la fe en este marco filosófico, Arrio monta su propia escuadra pirata despojando al Hijo de su divinidad plena y de su eternidad. El Hijo no es de la misma naturaleza (*substantia* en latín, o *ousía* en griego), sino que tiene una naturaleza divina inferior a la del Padre, es como un segundo dios. Por tanto, no es realmente eterno, puesto que es creado por el Padre tan solo con vistas a que sea mediador entre el mundo divino y el mundo creado. Como remate, y dado que la Teología Trinitaria siempre incide en la Cristología, el arrianismo tendía a despojar a Jesucristo de su verdadera naturaleza humana, puesto que, en la encarnación, el Logos tan solo asumía un cuerpo, ya que las funciones propias del alma humana eran ejercidas por el Logos.

En definitiva, Arrio recoge muchos elementos válidos, que te sonarán como procedentes de autores anteriores, pero los fuerza para que terminen encajando con el pensamiento filosófico común en su tiempo. Al forzar tanto, se rompen piezas como la procesión eterna del Hijo, la plena divinidad de las tres *hypostasis* divinas, la validez de la redención (puesto que si el salvador de la humanidad es un dios de segunda clase, puedes imaginarte que la salvación no tendrá la calidad y eficiencia necesaria), la plenitud de vida y relación dentro del ser divino (pues el Padre queda en soledad, sin engendrar un Hijo, sino simplemente creando un ayudante para la creación) y, por supuesto, se profesa ya declarada y firmemente el subordinacionismo: hay un Dios superior y, bajo su autoridad, una serie de entidades divinas jerárquicamente organizadas.

Vista la contundencia de un ataque formulado con tanta y tan razonable potencia intelectual, y su efectividad, por los factores que has podido leer cuatro párrafos más arriba, los capitanes de este tiempo comienzan a preparar su respuesta. El primero de ellos, **san Atanasio**, defenderá, como su paisano Orígenes, la eternidad del Hijo, recuperando también las antiguas analogías de Tertuliano: el resplandor (el Hijo) es eterno si el sol (el Padre) lo es. Por tanto, el Hijo es engendrado eternamente por el Padre, mientras que las criaturas son creadas en el tiempo. Y precisamente por ello, la unidad de esencia (de *substantia*, de *ousía*) entre ambas *hypostasis* divinas es absoluta, sin que haya jerarquía entre ellas. Preocupado por defender la *homoousía* (igualdad de esencia) entre el Padre y el Hijo frente al subordinacionismo arriano, no nos aclara, sin embargo, cómo esta absoluta unidad es compatible con la distinción entre las tres *hypostasis*, tan importante en la teología de Orígenes y, en general, en los teólogos anteriores a Arrio. Situado habitualmente dentro de esta historia en un lugar un tanto marginal, el Espíritu Santo en san Atanasio gana posiciones, puesto que la tercera *hypostasis* entra en la unidad dinámica del Padre y el Hijo, aunque no llegue a llamarlo Dios expresamente.

Grandes obispos como san Atanasio o san Hilario se enfrentan a la rápida expansión de esta herejía, otros obispos la aceptan, otros, ambiguamente, no la rechazan del todo y el Emperador, a la vista de esta terrible división de la Iglesia, decide intervenir. Ya no estamos en el siglo III, y ahora la Iglesia es para un Imperio en franco desplome el principal factor de unidad y regeneración. Una Iglesia dividida por una herejía global, que era especialmente fuerte en las provincias orientales de Roma, era algo políticamente inadmisible. Así, Constantino hace acudir a muchos obispos del Imperio, tanto de las provincias de Oriente como de las de Occidente (unos 320 obispos en total), a su residencia imperial de Nicea. Estamos en el año 325 y, curiosamente, preside el concilio un andaluz: Osio, obispo de Córdoba.

En el **Concilio de Nicea**, el primero ecuménico de la Iglesia (el último hasta la fecha ha sido el Concilio Vaticano II), se busca fundamentalmente solucionar la crisis arriana. Para ello en primer lugar se excomulga claramente a Arrio y se le destierra, pero también se opta por buscar una fórmula trinitaria de fe que aclare con la mayor precisión asequible al lenguaje teológico desarrollado hasta entonces la relación del Hijo con el Padre. Este era el principal objetivo de la reflexión trinitaria desde sus orígenes, pero la explosión del arrianismo la había convertido, además, en un problema de estado. La fórmula se conoce como el Símbolo Niceno, y te sonará porque está contenida en el Credo que se profesa cada domingo en la Santa Misa.

En esta fórmula, recogiendo temas que ya conoces, se propone que el Hijo Unigénito ha nacido del Padre antes de todos los siglos (generación eterna), que es Dios de Dios y Luz de Luz (la analogía del sol, con la igual dignidad de ambas *hypostasis*), Dios verdadero de Dios verdadero (no un segundo dios), que ha sido engendrado, no creado (y que por tanto es eterno y distinto de las criaturas), y que es *de la misma naturaleza* del Padre. O, como dice textualmente el Concilio de Nicea, es *homoousios* (de igual sustancia, o naturaleza, o esencia) al Padre, es decir, que posee el mismo y único ser divino con Él. Las palabras *hypostasis* y *ousia*, entendidas como las explicaba san Atanasio, y en el sentido en que fueron propuestas por el Concilio, reflejaban correctamente la fe trinitaria, siempre dentro de las limitaciones del lenguaje.

El problema fue que en la época del Concilio el sentido de estas palabras todavía no estaba plenamente fijado en el lenguaje teológico. En concreto, la palabra *homoousios* se podía entender como de la misma esencia del Padre (*ousia* aquí sería segunda *ousia*, esencia), o como de la misma *hypostasis* que el Padre (*ousia* aquí sería primera *ousia*). El primer sentido de *homoousios* es ortodoxo y en la línea de la reflexión tradicional que comenzaba en san Justino, por lo que fue tomado así por los obispos occidentales y algunos orientales, denominados por ello *nicenos*. El segundo sentido ya lo habrás percibido como netamente monarquiano, y así fue tomado por algunos obispos orientales, más cercanos tradicionalmente a la teología de las tres *hypostasis* y, por tanto, totalmente opuestos a la menor ambigüedad a la hora de hablar de la diversidad de personas dentro de la vida divina.

Es fácil imaginarse la confusión. Arrio había quedado desterrado y marginado, pero el término usado para sellar su derrota era un peligro por la confusión que sembraba. Para algunos, negar el *homoousios* era posicionarse como arrianos (el Hijo tiene una esencia divina inferior a la del Padre), para otros, afirmar el *homoousios* era poco menos que profesar el rancio monarquianismo de **Marcelo de Ancira** (la vieja tesis modalista de que el Padre y el Hijo son la misma persona). Visto el caos desatado, Constantino trató de equilibrar las cosas rehabilitando a Arrio y favoreciendo desde el poder imperial a los obispos arrianos o filoarrianos, lo que trajo el destierro de los grandes capitanes de Nicea, como, por ejemplo, san Atanasio.

Como muestra del caos de ambigüedad doctrinal, injerencias del poder político global y división entre los mismos obispos, resulta de interés el caso del término *homeousios*. Con tan solo añadir una *e* a la palabra clave del Concilio de Nicea, el emperador Constancio trata de buscar un equilibrio imposible en medio de la tormenta desatada. El término nuevo significa que el Hijo es de una naturaleza *semejante (homea)* al Padre: contra los monarquianos, este término destaca la diversidad (el Padre y el Hijo son personas distintas); contra los nicenos, este término permite el subordinacionismo (el Hijo no acaba de compartir con el Padre una idéntica naturaleza divina). Los arrianos, encantados de que el emperador en persona fomentara el caos de ambigüedad que habían desatado (cuando la autoridad favorece a los piratas, su triunfo parece inevitable).

A mediados del siglo IV la Iglesia sufre una fractura global en su fe trinitaria, dividida entre nicenos (casi siempre desterrados, especialmente en Oriente); neoarrianos como Eunomio (dedicados a armonizar con la filosofía dominante); y ahora los homeousianos (especialistas en contemporizar con el poder político). En esta situación solo una personalidad prodigiosa podía traer el triunfo global sobre los piratas y, providencialmente, esta persona apareció en el momento oportuno en un apartado rincón del Imperio llamado Capadocia. Esta persona, que salvaría la fe ortodoxa en la Trinidad, vendría, además, acompañado por otras dos. Estamos hablando de san Basilio Magno, su hermano san Gregorio de Nisa y su amigo san Gregorio de Nacianzo, tres obispos de primerísima línea espiritual e intelectual que son conocidos como los Padres Capadocios.

En efecto, entre los años 370 y 380 **san Basilio** promoverá la unidad de la fe en torno a lo dispuesto en el Concilio de Nicea, por lo que su importantísima reflexión teológica comenzará aclarando los términos utilizados en él. En primer lugar, estableciendo claramente que *ousía* (*substantia*, esencia) es la naturaleza divina compartida por igual entre el Padre y el Hijo. Este era el sentido pretendido por los padres conciliares de Nicea al emplear el término *homoousios*. Para evitar toda confusión con el monarquianismo, también aclara que para hablar de los sujetos que comparten el ser divino no ha de usarse el término *ousia* (en la acepción errónea de primera *ousia*), sino el tradicional *hypostasis* (*subsistentia,*), cercano al antiguo *prosopon,* que Tertuliano había traducido ya al latín como *persona*. Todo esto puede parecerte un juego de malabarismos con palabras, pero, a la vista de la historia que hay detrás, vuelve a demostrar que aclarar la terminología es un asunto fundamental en el desarrollo de la teología.

Este esfuerzo terminológico de san Basilio se concreta en una influyente fórmula trinitaria: la Trinidad *(trias)* es una *ousía* y tres *hypostasis*. Además, en la línea de san Atanasio, perfila la caracterización de cada una de las tres personas divinas: el Padre es *no engendrado*, el Hijo es *engendrado* eternamente y el Espíritu Santo es *santificador*. En este sentido, san Basilio asigna a cada una de las *hypostasis* una propiedad distintiva: paternidad, filiación y santificación, respectivamente. Al hablar de propiedades *(idiomata)* de las *hypostasis*, lo que es propio de cada una de las tres personas, abre un importante camino para reflexionar sobre la relación y distinción entre ellas que dará mucho fruto en autores posteriores.

Fiel a los decretos de Nicea, establecerá, por tanto, sin ambigüedad alguna que el Hijo es *homoousios* con el Padre (tiene su misma *ousía*, siendo Dios como el Padre, tal y como había defendido san Atanasio). Con respecto al Espíritu Santo, propondrá que es *homotimos* con el Padre y el Hijo (recibe la misma veneración y adoración). El Espíritu Santo entra así en la explicación de la relación entre las tres personas *(hypostasis)* divinas de una forma más amplia.

Su hermano, **san Gregorio de Nisa**, seguirá sus pasos en la defensa de la fe expresada en el Concilio de Nicea, en donde reconocía la verdadera tradición de la fe trinitaria recibida de los Apóstoles. Se va a enfrentar a peligrosos piratas neoarrianos, como **Eunomio**, y también a una nueva escuadra surgida en la estela del arrianismo: el apolinarismo. La doctrina de **Apolinar de Laodicea** sostenía que, siendo el Logos plenamente divino como el Padre y, como Él, de naturaleza espiritual, no podía coexistir con el espíritu humano, con el alma de Jesucristo. Por tanto, Jesucristo tiene un cuerpo humano, pero su alma ha sido asumida en el Logos. Aunque es una herejía más propia de un libro de Cristología que de la

Teología Trinitaria, es instructivo traerla aquí porque es un buen ejemplo de cómo la influencia del arrianismo estaba extendida por la Iglesia hasta niveles Insospechados.

Con el tercer capadocio llegamos al triunfo final, que es el desenlace de esta segunda etapa de los grandes capitanes. **San Gregorio de Nacianzo** tiene enfrente a neoarrianos, apolinaristas y también a los **pneumatómacos**, que atacaban la divinidad del Espíritu Santo (de ahí su nombre) y lo reducían a una criatura, instrumento de Dios. Siendo partidarios de Nicea, profesaban la comunidad de naturaleza del Padre y el Hijo, pero no admitían que en esta *homoousia* estuviera el Espíritu Santo, quien pasaba entonces a ser una criatura, en la cual podemos glorificar al Padre y al Hijo. Parece que lo que sucedió en tiempos de Arrio con el Hijo se estaba repitiendo ahora con el Espíritu Santo, por lo que el camino hacia el triunfo final se mostraba lleno de amenazas.

Sin embargo, san Gregorio cuenta a su favor con dos armas de alta potencia: tres siglos de reflexión trinitaria a sus espaldas y un giro favorable a la ortodoxia por parte del poder imperial. En efecto, en su reflexión se resumen los brillantes resultados del esfuerzo intelectual que, desde tiempos de san Justino, había venido desarrollando la Iglesia para defender y exponer su fe en la Trinidad. Por ello, es capaz de desarrollar una terminología teológica especialmente adecuada para iluminar la doctrina trinitaria, aprovechando la precisión y la claridad de la lengua griega. Con ella no pretende trazar ni describir al detalle una carta de cómoda navegación por los misterios trinitarios, sino desmontar de una vez las confusas ambigüedades terminológicas a las que recurrían los herejes para sostener sus doctrinas con apariencias de fidelidad a la tradición apostólica.

Por otro lado, después de varios emperadores nefastos para la serenidad de la Iglesia (Constantino había pasado de antiarriano a filoarriano, Constancio homeousiano, Valente anticatólico, Juliano neopagano, por poner algunos ejemplos), otro hispano, el segoviano Teodosio, llega a la púrpura imperial. Preocupado como Constantino por la necesidad de tener una Iglesia unida para preservar la unidad del Imperio, convoca un nuevo concilio ecuménico para acabar definitivamente con la crisis arriana y consolidar la unidad ortodoxa de la Iglesia en torno a la fe proclamada en el Concilio de Nicea. Solo así Teodosio podría construir una sólida unificación de un Imperio que veía ya a los bárbaros asaltando sus fronteras. Ahora estamos en el año 381, en la misma capital oriental del Imperio, Constantinopla, acuden unos 150 obispos y preside el tercer capitán capadocio: san Gregorio de Nacianzo.

En el **Concilio de Constantinopla,** segundo ecuménico, se recibe y completa la fórmula de Nicea y su *homoousios* como la mejor salvaguarda de la ortodoxia ante los intentos de rapiña de los piratas. Pero, además, se le concede al Espíritu Santo, por fin, un papel digno en el Símbolo de la fe. Hemos aludido a los ataques de la escuadra pneumatómaca, que peleaba contra la divinidad del Espíritu Santo. En la línea de san Basilio, el tercer capadocio desarrolla una valiosa teología para incluir a la tercera persona dentro de la reflexión sobre la vida intradivina: el Espíritu Santo es consustancial al Padre *(homoousios)* como lo es el Hijo, y mientras que este es engendrado por el Padre *(gennesis)*, el Espíritu Santo procede *(ekporeusis)* del Padre.

Como conclusión de este Concilio se amplía en varios lugares el Símbolo de Nicea y se le añade una amplia aclaración sobre el Espíritu Santo: es lo que el Magisterio de la Iglesia propone desde entonces con el nombre de *Credo Niceno-Constantinopolitano.* Se trata de una fórmula de fe fundamental para el cristianismo, que fue y es aceptada en todas las iglesias desde su canonización definitiva, realizada en el Concilio de Calcedonia (el cuarto ecuménico, celebrado en el año 451). En su texto se reconocen fácilmente las aportaciones de los capadocios con respecto al papel del Espíritu Santo en las relaciones de las tres personas: el Espíritu Santo es Señor (comparte la divinidad con el Padre y el Hijo, no es creado), dador de vida (a Él le corresponde la santificación mediante el don de la vida sobrenatural), procede del Padre (donde se ve la terminología de la *ekporeusis* del Nacianceno) y recibe la misma gloria que el Padre y el Hijo (es alguien divino a quien adorar, no una criatura en la que adoramos a Dios).

Este es el símbolo que te encuentras frecuentemente en la Misa de cada domingo, aunque, si has estado atento, habrás descubierto que algo no es exactamente igual. Dos párrafos más arriba se decía que el Espíritu Santo procede *del Padre*, y en el credo se dice que procede *del Padre y del Hijo*. En efecto, muy pronto (a partir del siglo V) la iglesia de Roma, y con ella toda la tradición de la Iglesia occidental latina, añadió al Credo definido en Constantinopla lo que se llama la cláusula del *Filioque (y del Hijo)*. Aunque bien entendido esto no supone cuestionar que el Padre sea el único principio fontal de toda la Trinidad, y, por otro lado, destaque frente al arrianismo la comunión consustancial del Padre y el Hijo, esta cláusula fue vista por las Iglesias orientales como un añadido injustificado. Sin entrar en más detalles de este complejo y espinoso tema, las disputas en torno al *Filioque* tuvieron parte protagonista en las rupturas ente cristianos de occidente y de oriente en los siglos IX y XI.

Pero, en definitiva, lo que se profesa cada domingo en la Santa Misa tiene la insondable profundidad de los fondos marinos y, como has visto, corona una larga historia, que conviene conocer para una comprensión más profunda de esta fórmula de fe. Ella marca desde el siglo IV las fronteras de la ortodoxia, y por eso es en su marco donde ha de desarrollarse toda reflexión adecuada sobre el misterio trinitario. Los padres capadocios son los capitanes que obtienen finalmente el triunfo sobre las escuadras que estuvieron a punto de hundir la barca de la fe en la que los cristianos navegan por el mar de la Trinidad. Pero es difícil apreciar la belleza de sus naves, la solidez de su construcción y la utilidad que se puede extraer de ellas, si no se recorre paso a paso la historia de los capitanes que les precedieron, tal y como la has visto en este capítulo.

Gracias a su esfuerzo y a sus sufrimientos, la reflexión trinitaria se ha ido enriqueciendo poco a poco hasta ser capaz de iluminar la experiencia de la fe y también de delimitar las fronteras de la ortodoxia. Y es que, conociendo la historia de piratas y capitanes que hemos relatado en este capítulo, resulta más sencillo identificar cuáles son las posturas y presupuestos intelectuales que, a veces de forma inconsciente, y muchas veces por influencia de la cultura o del poder dominante, acaban llevando a caer en manos de piratas actuales, que muchas veces son *revivals* de los piratas de los cuatro primeros siglos. La herejía nunca es totalmente original, por eso considerar a la historia como maestra de vida también se aplica a la vida de la fe y, en concreto, a la reflexión teológica sobre el misterio de la Trinidad.

Este inmenso trabajo intelectual y espiritual de los Padres de la Iglesia quedará como fundamento de la reflexión de los teólogos posteriores. Como navegantes del mar divino, estos teólogos construyeron naves inspiradas por los grandes capitanes de los cuatro primeros siglos cristianos, y con ellas consiguieron dejarnos preciosas exploraciones del misterio del Dios Uno y Trino. A los dos mayores navegantes, san Agustín y santo Tomás de Aquino, nos dedicamos en el siguiente capítulo.

RESUMEN

- La Teología Trinitaria busca desde su origen comprender la revelación de Jesús de Nazaret, mientras refuta las reflexiones heréticas, y poco a poco perfecciona su vocabulario y su metodología, impulsada especialmente por los Santos Padres.

- La pregunta inicial es la relación de Jesús con Dios. La respuesta parte del dato invariable de que Jesús es verdadero hombre y verdadero Dios. Como hombre, tiene un cuerpo y alma plenamente humanos. Como Dios, es el Hijo que posee con el Padre la única esencia divina.

- La fórmula tradicional para referirse al Dios Uno y Trino, desarrollada a lo largo de los primeros siglos, es una esencia (o sustancia, o *ousía*) y tres personas (o subsistencia o *hypostasis*). Dentro de la limitación del lenguaje humano se van formando términos y expresiones que respetan a la vez la armonía paradójica entre la unidad de Dios y la distinción de las personas.

- Frente a herejías que no respetan esta armonía (adopcionismo, monarquianismo, gnosticismo, arrianismo, entre otras), los Santos Padres aclaran y explican progresivamente la doctrina trinitaria, en fidelidad a la revelación de Jesús custodiada por la Iglesia. Es esencial la línea de desarrollo que parte de san Justino y culmina en los Padres Capadocios.

- El Magisterio proclama la fe ortodoxa en dos concilios fundamentales. En el de Nicea (año 325) se declara al Hijo consustancial al Padre. En el de Constantinopla (año 381) se aclara y desarrolla lo definido en Nicea y se trata con más amplitud al

Espíritu Santo. La cláusula *Filioque* añadida a la declaración sobre el Espíritu Santo será fuente de conflictos entre orientales y occidentales.

Capítulo 4

Dos grandes navegantes

Con el Concilio de Constantinopla las grandes luchas contra los piratas de la fe trinitaria pasaron a un lugar marginal, dado el triunfo global obtenido gracias a tantos capitanes. Como suele pasar, con el triunfo llegó el botín. La Iglesia consiguió al final de estos conflictos doctrinales un tesoro de fórmulas de fe, terminología teológica y conocimiento de las herejías verdaderamente valioso. Las fórmulas de fe, desde las breves sentencias ("la Trinidad es una *ousia* y tres *hypostasis*", por ejemplo) hasta el extenso Símbolo Niceno-Constantinopolitano, funcionaron como fronteras para protegerse de las falsas doctrinas, al tiempo que ponían el marco necesario para desarrollar correctamente las diversas reflexiones personales. La nueva terminología para hablar de la Trinidad no pretendía, claro está, ser una serie de definiciones que cartografiara al detalle la inmensidad del misterio trinitario, pero resultó ser una importante fuente de claridad para contrarrestar las palabras ambiguas o erróneas en las que se enmascaraban los piratas.

Además, la misma historia que has visto en el capítulo anterior deja muchas enseñanzas para el futuro y, por tanto, para nuestro presente. Y es que la melodía común de todas las canciones piratas descritas es la negación de la riqueza de fecundidad y amor que posee la vida intradivina. Recordarás que para las diversas escuadras monarquianas solo existe el Dios uno y único, monarca solitario en su única persona, bien porque no tiene un Hijo eterno, sino que adopta uno humano en el tiempo (adopcionistas), bien porque la aparente diversidad personal que muestra en su proyecto de salvador son meras caretas o modos (modalistas de diversas marcas). Por otro lado, gnósticos y arrianos coincidían en que el mundo intradivino estaba lleno de fecundidad, pero sus diversas entidades eran de distinta jerarquía, de modo que el Dios último no tenía a nadie de la misma sustancia divina que Él, sino tan solo a un dios de segundo orden, el Hijo, creado por Él con vistas a ser constructor y mediador para la creación.

Este es el resumen de unos planteamientos que se van repitiendo a lo largo de la historia, porque son las dos maneras más directas y razonables de solucionar el misterio del Dios Uno y Trino. Aportan una disección del problema que parece resolver sus enigmas, pero, como ocurre al diseccionar un ser vivo, terminan matando lo que pretenden estudiar. El peligro que movía a los capitanes a luchar contra tantos piratas estaba en que los herejes mataban la vida que Jesús había revelado. Mataban la fe trinitaria, pues secaban el mar de la inmensidad vital y de la comunión eterna entre el Padre, el Hijo y el Espíritu Santo que mostraba el Nuevo Testamento y la Tradición de la Iglesia. Mataban también la salvación que el ser humano había comenzado a recibir a orillas del Mar de Galilea: un mero hombre adoptado por Dios, un hombre sin una naturaleza humana completa o un dios de segunda categoría no pueden dar a la humanidad la salvación que necesita, que no es otra que la divina. Lo mismo se podía decir del Espíritu Santo: un santificador que es un dios de tercera categoría o una simple criatura no puede santificar al ser humano ni saciar su sed divina de infinito.

Este resumen nos da también el contexto del que parte la reflexión de los grandes navegantes que salen a escena en este capítulo. Hablamos de navegantes, y no ya de capitanes, porque pasado el momento álgido de los conflictos, llega el tiempo de la navegación serena por un mar cuyas referencias fundamentales ya se han establecido. Es decir, ni san Agustín de Hipona ni santo Tomás de Aquino van a poner en el centro de su reflexión trinitaria la polémica contra una u otra herejía, sino que más bien van a dar cauce a un interés positivo: progresar en el conocimiento del misterio trinitario para navegar por él a la mayor altura posible. Las fronteras y los marcos fundamentales ya quedaron trazados, como has visto, a finales del siglo IV. Llega ya el tiempo de navegar por la inmensa profundidad de fecundidad y amor que posee la vida intradivina.

Una concha para un mar

Después de la retahíla de nombres de Padres de la Iglesia un tanto desconocidos que ha poblado los párrafos del capítulo anterior, da cierta alegría encontrarse con alguien conocido: san Agustín. En el volumen de *Introducción a la Teología* ya habrás visto una presentación de su vida, de su obra y, sobre todo, de su inmensa influencia en el desarrollo del pensamiento occidental. Aquí baste decir que dedicó un interés profundamente personal en la reflexión sobre el misterio trinitario, que se concretó en su libro *De Trinitate*, compuesto laboriosa y pausadamente al comenzar el siglo V durante más de 20 años.

Conviene comenzar hablando del método con el que san Agustín fue aquilatando sus ideas esenciales a lo largo de muchos años, que se componía esencialmente de reflexión, fidelidad y oración. En efecto, la mera reflexión racional no basta para adentrarse en el misterio de Dios; de hecho, reducirse a ella es la mejor manera de convertirse en un pirata sin darse cuenta. Para él, la fidelidad humilde a la Sagrada Escritura y a las fórmulas de la fe marcadas por la Iglesia, nunca racionalistas, pero siempre razonables, supone el punto de partida para programar toda navegación. También estaba convencido de que el viento de la mera curiosidad humana no impulsa el navío; tan solo el soplo de un ardiente deseo de conocer el misterio divino, tan propio de san Agustín, puede llevar adelante esta expedición. Por ello, su teología se basa en segundo lugar en la reflexión racional, y en primer lugar en su vida de piedad; como él decía, hacia la Trinidad solo es posible encaminarse discurriendo con piedad.

Para seguir la navegación de san Agustín falta todavía un elemento de su método, que se ilustra con una anécdota muy conocida que se le atribuye. En sus largos años de meditación sobre la Trinidad daba frecuentes paseos por la playa, tratando de comprender cómo era posible que tres personas distintas (Padre, Hijo y Espíritu Santo) pudieran constituir un único Dios. Estando en esas cavilaciones encontró a un niño que había excavado un pequeño hoyo en la orilla y trataba de llenarlo con agua del mar. El niño corría hacia el mar y recogía un poquito de agua en una concha, después regresaba corriendo a verter el agua en su hoyo, repitiendo esto una y otra vez. San Agustín preguntó al niño sobre lo que hacía y este le dijo que trataba de meter toda el agua del mar en su hoyo. Cuando le dijo al niño que esto era imposible, este le replicó que más imposible era comprender con una mente humana el infinito misterio trinitario de Dios.

El niño despareció, pero en san Agustín permaneció siempre la certeza de que es imposible reducir la profundidad de Dios a la capacidad humana. Por tanto, en su método aparece siempre una constante afirmación de la trascendencia infinita de Dios y de la limitación del ser humano para comprender la profundidad de su misterio. Por ello, ante las aporías (problemas sin solución lógica) y paradojas (hecho o expresión aparentemente contrarios a la lógica) que se va a encontrar en su teología, recurrirá siempre a afirmar por la fe lo que lógicamente no se sostiene con la mera razón limitada del ser humano. Parafraseando una frase de la Sagrada Escritura, resumirá este elemento de su método con la expresión «a menos que creáis, no comprenderéis», frase que complementa con la expresión «comprende para creer».

Para comenzar ya con la Teología Trinitaria de san Agustín partimos de cómo recibe la afirmación tradicional de la unidad divina y de la distinta actividad de las tres personas. Para ello, hace una exposición de los textos de la **Sagrada Escritura** que hablan de la unidad de Dios, y de los que hablan de lo que es propio de cada una de las personas. Los piratas añejos habían reducido la Sagrada Escritura bien a los primeros (que parecían probar la unidad absoluta), bien a los segundos (que aparentemente mostraban una diversidad de personas en subordinación de unas a otras). La verdad está en la síntesis y la inclusión de ambos tipos de textos bíblicos, por lo que presenta los testimonios bíblicos en su integridad, atendiendo a la totalidad de la Escritura y explicando con detalle y en fidelidad a las fórmulas de fe algunos pasajes que podían ser dudosos con respecto a la unidad de Dios o a la igualdad de las personas.

Partiendo de lo revelado en el Nuevo Testamento constata que, en el plan salvador de Dios, han ocurrido dos envíos, llamados **misiones:** han sido enviados al mundo el Hijo en su Encarnación y el Espíritu Santo en Pentecostés. De este dato innegable parte lo más interesante de su reflexión trinitaria. Si alguien es enviado, se da a conocer en sí mismo como alguien que viene de parte de otro. En Dios esto no indica subordinación del enviado a quien le envía, como sucede en las misiones humanas (en las que quien envía al empleado es su jefe), sino tan solo una procedencia. Un modalista diría que las dos misiones las protagoniza el mismo personaje, bien bajo el modo de Hijo, bien presentándose como Espíritu Santo. Un arriano diría que, si el Hijo es enviado por el Padre, está subordinado a Él como un inferior y, por tanto, hay una jerarquía en el mundo divino. San Agustín dirá que, porque el Hijo se revela como enviado por el Padre, puede conocerse que procede de Él y, por tanto, lo que se da en la vida intradivina es un orden de procedencia: el Hijo procede del Padre y el Espíritu Santo procede del Padre y del Hijo.

Este orden de procedencia nos habla de la riqueza de la vida intradivina y de la pluralidad de las personas, pero puede suponer una quiebra en el principio de la unidad divina. ¿Una vez que son enviadas, las personas actúan independientemente? Por ejemplo, en la Encarnación, ¿se encarna solamente el Hijo, como dice el Nuevo Testamento? ¿O se encarnan las tres para no romper la unidad? Según la tradición anterior, que ya conoces, teólogos como Orígenes o Atenágoras habían hablado ya de la unidad dinámica de las tres personas: actúan siempre con un mismo querer y obrar. Y esto lo mantiene san Agustín, para quien todas las acciones del plan salvador de Dios son obra de las tres personas divinas (si en Dios hay un único ser, se sigue que ha de haber una acción única, no tres acciones). Por ejemplo, en la encarnación el Padre es quien envía al Hijo, el Hijo es quien asume la humanidad y esto se realiza por la obra y el poder del Espíritu Santo. Igualmente es una obra trinitaria la venida del Espíritu Santo en Pentecostés, pues el Espíritu es enviado por el Padre en nombre del Hijo y la eficacia del Espíritu conduce a los hombres a la plena unión con el Hijo y el Padre.

Hay que reconocer que esta explicación agustiniana no es completamente evidente, pero tiene dos méritos de interés: parte de la acción salvadora de Dios revelada en el Nuevo Testamento y salvaguarda la unidad del ser divino en la diversidad de personas, como se proclama en la Tradición anterior a él. Sin embargo, habrás visto que el mérito mayor consiste en que abre el camino para pasar de la revelación del plan salvador de Dios en las misiones (la *Trinidad Económica*) al conocimiento de la relación de las tres personas en la vida intradivina (la *Trinidad Inmanente*): si el Hijo y el Espíritu Santo son enviados de parte del Padre *al exterior*, es porque proceden de Él *en el interior* eterno de Dios.

En la vida intradivina, por tanto, se dan unas **relaciones** de procedencia (el Hijo está en relación al Padre, el Espíritu Santo en relación al Padre y al Hijo) en torno a las cuales se puede identificar y nombrar a las tres personas del único ser divino. Dado que este paso es el más significativo de la teología de san Agustín, vamos a verlo con detalle. Es ilustrativo ver antes los pasos dados por alguno de los antiguos piratas, en concreto Arrio, cuyo fantasma seguía aún presente. Para los arrianos, el hecho de que hubiera relación entre el Padre y el Hijo llevaba a postular la existencia de dos sustancias divinas, por supuesto, de rango distinto, ya que en la filosofía dominante en su época era impensable que Dios admitiera en sí la relación, que no dejaba de ser un mero accidente en la metafísica asumida entonces. Si la relación es un accidente, como lo es en las criaturas (que pueden adquirir relaciones o perderlas), entonces queda fuera del ser divino (que solo puede ser sustancial y sin accidentes) y, por tanto, se concluye lógicamente la existencia de dos sustancias: una plenamente divina (el Padre) y otra de menor rango al admitir un accidente, como es la relación, dentro de sí (el Hijo).

El paso de san Agustín, sin embargo, no se da en actitud servil al esquema filosófico de moda, sino ensanchando la filosofía con la luz procedente de la revelación. A su luz, los pasados capitanes, especialmente la escuadra capadocia, habían propuesto *homoousios* (el Hijo posee perfectamente la misma y única sustancia divina del Padre) como término esencial para salvar el misterio trinitario. Por tanto, si la única sustancia divina es poseída plenamente por ambos, y el Hijo está en relación al Padre, la relación deja de ser un accidente y entra en el mismo ser divino, pues todo en Dios en sustancial. La filosofía debe abrirse a un nuevo horizonte: el ser divino es *sustancia*, pero también *relación*. El único ser divino tiene perfecciones absolutas en sí mismo, pero también relación y apertura a otro. Por otra parte, la relación, como todo lo que está en el ser divino, es simultánea y eterna, es decir, las personas son igualmente eternas y están eternamente en relación entre sí.

Más adelante veremos la revolución filosófica que supone la afirmación de que el ser divino es intrínsecamente relacional. Por ahora, nos quedaremos en el tercer paso de san Agustín, que es el que lleva de las relaciones a los **nombres** de las personas divinas. Partiendo de las relaciones, se comprende con luz nueva cómo se dan las diferentes personas en el seno del ser del único Dios. Las relaciones definen a estas personas, por lo que hacen posible encontrar nombres para denominar a cada una ellas según sus propiedades individuales. Estos nombres, dados por san Agustín, expresan a la vez sus relaciones y el modo en el que se han manifestado en la historia. Así, el Padre recibe los nombres de Ingénito y de Principio (lo propio de la relación de paternidad), el Hijo los de Verbo e Imagen (nombres con los que la Sagrada Escritura expresa la filiación del Unigénito), y el Espíritu Santo es Don y Amor (pues es así como el Espíritu es caracterizado en la Sagrada Escritura).

Es posible que aparezca un poco de vértigo cuando nos damos cuenta de lo lejos que nos ha llevado esta navegación elaborada por la razón, iluminada por la fe y guiada por la revelación. San Agustín es consciente de que ha llegado a aguas muy profundas, pero también lo es de que su concha sigue siendo pequeña y, por tanto, el riesgo de reducir el mar infinito a un lago pirata sigue existiendo. Por ello, para salvar a la vez la validez de su lenguaje y su inferioridad con respecto a la trascendencia divina, elabora unas **reglas** para hablar del misterio con el mínimo riesgo posible de devaluarlo.

Según estas reglas, todo lo que se refiere a las perfecciones absolutas del ser divino (bondad, sabiduría, etc.) ha de decirse en singular para cada persona y en singular para las tres (por ejemplo, el Padre es bueno, el Hijo es bueno, el Espíritu Santo es bueno, pero no podría hablarse de tres buenos, sino de un solo Dios bueno). Lo que se dice de la relación se usa en singular y exclusivamente para cada una (el Hijo tiene filiación, pero no el Padre ni el Espíritu Santo). Lo único que puede utilizarse en plural, sin romper la unidad del ser divino, es lo que habla de las personas (por ejemplo, *Yo y el Padre somos uno*).

Son reglas orientadoras, pero, como es propio de aguas tan profundas, no encierran completamente todos los misterios del ser divino. En concreto, no admiten un tratamiento correcto del término *persona*, que san Agustín recibe de la tradición, pero que no es capaz de encajar en sus reglas. No llegará a resolver esta cuestión, no solo por la limitada capacidad de la concha, sino también porque la palabra *persona*, otra revolución aportada por la fe trinitaria a la filosofía occidental, estaba todavía en el astillero, sin verse aún bien rematada ni definida. Correspondería al segundo gran navegante completar esta tarea y resolver este peligroso escollo en la ruta del mar divino.

Una prodigiosa nave de paja

Este segundo navegante, posiblemente más conocido aún que el primero, es santo Tomás de Aquino, quien nos deja una maravillosa cartografía de sus expediciones teológicas por las profundidades del mar divino denominada *Summa Theologiae*. Como habrás visto en otros libros de esta colección, se trata de una obra de referencia privilegiada en la teología católica, construida con el espíritu y con las dimensiones de sus monumentales coetáneas, las magníficas y luminosas catedrales del siglo XIII. Asombra siempre dedicar un rato a leer este clásico perenne de la teología, pero asombra todavía más conocer lo que su autor pensaba de él, cosa que conocemos gracias al testimonio de su secretario, Reginaldo. Santo Tomás, tras una experiencia mística, permaneció en completo silencio, abandonando el dictado de su obra hasta su muerte, poco tiempo después. En una carta a Reginaldo expresó que el fin de sus labores había llegado, diciendo: «todo lo que he escrito me parece algo así como paja después de las cosas que me fueron reveladas en el éxtasis. No puedo escribir más. He visto cosas que hacen a mis escritos como la paja». De hecho, la *Summa Theologiae* quedó inconclusa.

Esta obra prodigiosa, esta nave extraordinaria para adentrarse en una reflexión teológica de alto bordo, acabó considerada por su propio autor como un montón de paja. De nuevo, como en el caso de san Agustín, los sabios verdaderos reconocen que, por mucho y excelsamente que hayan hablado de Dios, la limitada capacidad humana no puede agotar y comprender totalmente el misterio del Dios Uno y Trino. La exposición de su teología no pretende, una vez más hay que recordarlo, mostrar un mapa completo y detallado del mar divino, sino un humilde intento de progresar en la comprensión razonable de sus misterios, para conocerlo mejor y, por tanto, amarlo con más profundidad. No es de extrañar que santo Tomás, además de un sabio y de un escritor excepcional, fuese un teólogo de intensa y humilde experiencia mística.

Su Teología Trinitaria queda expuesta en la primera parte de la *Summa*, después de haber tratado acerca del Dios uno, sus atributos y la manera en la que podemos conocerlo. Fiel a su método ordenado y preciso, la va a exponer en cuatro grandes secciones, dedicadas respectivamente a las procesiones, las relaciones, las personas y las misiones. Son como cuatro grandes cuadros de un retablo gótico, en los que queda plasmada una explicación racional del misterio de la vida intradivina. Reflexión elaborada a partir de la exposición de la fe, el recurso a la Sagrada Escritura y a los maestros que le precedieron, especialmente san Agustín, y una metódica y articulada argumentación lógica. Reflexión que dará lugar a la síntesis clásica de la Teología Trinitaria: un Dios, dos procesiones, tres personas, cuatro relaciones. Lo último de las nociones se podría omitir, porque no es necesario para un curso básico.

El primer cuadro, punto de partida para adentrarse en la vida interior de Dios, es, por tanto, la exposición sobre las **procesiones** de las tres divinas personas, que son los dos actos por los que el Hijo procede del Padre y el Espíritu Santo procede del Padre por el Hijo. Para describir estas acciones, santo Tomás parte de la analogía con el sujeto espiritual, quien está dotado de un intelecto que entiende y una voluntad que ama. Te puede ayudar recordar aquí lo que leíste en el segundo capítulo sobre la analogía psicológica de san Agustín. Con ella, trataba de mostrar cómo la fecunda vida intradivina no realiza necesariamente sus acciones al exterior de ella misma. En efecto, aunque acciones divinas, como la Creación, se dan al exterior de la vida divina, otras permanecen dentro de su insondable vitalidad: hay acciones divinas cuyo efecto queda dentro de la misma vida divina, de forma análoga a como la acción de entender permanece dentro del sujeto que entiende.

En este sentido, santo Tomás explica que una procesión (por ejemplo, la generación del Hijo) es un acto divino (el acto de engendrar) que queda dentro de la misma vida divina, como es propio de la plenitud de vitalidad del ser divino. En el intelecto de Dios se concibe el Hijo como Verbo, *en semejanza* con el Padre, de modo análogo a como el intelecto concibe a semejanza de la cosa inteligida. Además, en un agente espiritual, junto al entendimiento existe también la voluntad, por lo que se puede plantear una segunda procesión. Esta procesión no será ya *en semejanza,* sino *en movimiento*, ya que el acto propio de la voluntad es el impulso de amor. Esta procesión, que es la que por analogía corresponde al Espíritu Santo, permanece también dentro del ser divino, como el amado habita en el interior del amante.

Con estas dos procesiones queda retratada, en analogía con el sujeto espiritual, la riqueza fecunda de la vida intradivina. Se podría plantear la cuestión de si puede haber más procesiones, dada la riqueza interior de la acción que puede desarrollar el agente espiritual. Santo Tomás responderá que no, ya que las dos únicas facultades del agente son intelecto y voluntad; aunque los sentimientos y emociones también permanecen en el interior, no son propiamente de la naturaleza intelectual. Solo hay dos procesiones, y estas, siendo simultáneas, se distinguen por cierto orden (ya que la segunda presupone a la primera, como el amor presupone el conocimiento).

Las dos procesiones, la del Hijo y la del Espíritu Santo, dan lugar al segundo cuadro: las **relaciones**, es decir, las referencias mutuas entre las personas divinas. A partir de cada procesión se tienen dos relaciones opuestas, es decir, que ponen un sujeto real ante otro sujeto real (lo oponen). En el caso de la procesión del intelecto, dado que el Padre y el Hijo quedan mutuamente referidos, se da la relación del Padre ante el Hijo *(paternidad)* y la del Hijo ante el Padre *(filiación)*. En el caso de la de la voluntad, tenemos la relación del Padre ante el Espíritu Santo *(espiración)* y la del Espíritu Santo ante el Padre (llamada *procesión*, en el antiguo significado de la *ek-poreusis* de san Gregorio de Nacianzo, o bien *espiración pasiva*). Por tanto, podemos descubrir en las profundidades más interiores de la vida intradivina cuatro relaciones esenciales (no son accidentales, pues no pueden dejar de ser, como pasa en las relaciones humanas) y reales (pues en Dios se identifica todo con la simple realidad de su esencia, como expone santo Tomás).

Como ya había dicho san Agustín, en Dios hay sustancia y relación, de modo que esta diversidad de relaciones no implica multiplicar la esencia divina, ya que, como dirá santo Tomás, el ser esencial de Dios es lo mismo que el ser relacional. Por otra parte, en Dios las relaciones son verdaderas y esenciales. Ciertamente, estamos felizmente lejos de las multiplicaciones de la naturaleza divina en una pluralidad de sujetos en relación jerárquica, y también a muchas millas de distancia de la doctrina de la eterna soledad de un ser divino incapaz de relaciones en sí y solo capaz de relacionarse al exterior con modos y máscaras. Por el contrario, en Dios la unidad se da tan solo en la relación, y las relaciones solo tienen sentido en el ámbito de la unidad esencial.

Siguiendo un orden lógico implacable, santo Tomás pasa al tercer cuadro: considerar cómo las relaciones en Dios marcan el camino para explicar qué son las **personas** divinas, que son los sujetos que entran en la oposición de las relaciones, entendida la oposición en el sentido de reciprocidad (estar ante otro), claro está, no de enfrentamiento. Por ejemplo, la paternidad y la filiación son relaciones opuestas en cuanto que van en direcciones opuestas, una va del Padre al Hijo y otra del Hijo al Padre. La trascendencia del término *persona* y su inexistencia en la reflexión anterior al cristianismo invitan a detenerse un poco más en él, especialmente en su origen y en la reflexión que le dedica santo Tomás. Conviene recordar, además, que san Agustín no acabó de poner a flote este término, lo que da aún mayor interés a la aportación de santo Tomás.

Este tuvo la ventaja, es verdad, de haber contado con aportaciones posteriores a san Agustín, como la de Boecio. Este filósofo cristiano del siglo VI definía la persona como una sustancia individual de naturaleza racional. En definitiva, la persona tiene consistencia en sí misma (es subsistente), es individualizada (concreta e incomunicable) y ha de ser racional (siendo así realmente única e irrepetible). Santo Tomás parte de esta definición y la eleva a Dios por eminencia: la dignidad de subsistir en una naturaleza racional conviene eminentemente a Dios, que es lo más perfecto en la naturaleza. Esta subsistencia de una naturaleza racional es individual, término con el que se subraya su carácter distinto a los demás e indistinto en sí. Y como lo distinto en Dios, lo que podría decirse individual, son las relaciones, a ellas habrá que acudir para definir lo que es una persona divina. En definitiva, santo Tomás dirá que la persona es la relación misma en tanto en cuanto esta es subsistente: como la deidad es Dios, así la paternidad divina (primera de las cuatro relaciones) es Dios Padre, que es una persona divina. Por tanto, las personas divinas son, y a la vez se distinguen, en tanto que se relacionan, de modo que en la persona divina la distinción no implica separación, sino todo lo contrario, relación. Si son distintas, es para poderse relacionar entre ellas, dándose en esa relación la unidad de la esencia divina.

Por mucho que a santo Tomás le pareciera de paja, asombra cómo esta nave realiza su prodigiosa travesía a lo ancho del mar divino. Su reflexión sobre las personas divinas no solo permite comprender con más luz un enigma que san Agustín dejó a medio resolver, sino que además arroja una luz nueva sobre lo que significa ser persona. A partir de santo Tomás, el conocimiento de lo que son las personas divinas ha permitido una especial profundización en la consideración y definición de lo que es una persona humana, salvando, claro está, como en toda analogía, la distancia infinita entre la persona divina y la humana. Lo que constituye a las personas divinas, en su naturaleza racional (inteligente y libre, por tanto), es la relación, simultánea a su propio ser. En analogía, la persona humana habrá de considerarse como un individuo dotado de inteligencia y libertad, único e irrepetible, pero también orientado constitutivamente a la relación y a la apertura. El ser del Dios Amor es una vida que consiste esencialmente en la comunicación, en unas relaciones reales que comienzan y terminan en su ser mismo. La persona humana, a imagen de las divinas, alcanzará la plenitud de su ser en la comunión de personas y en la donación de sí misma a ellas.

Puedes reflexionar en lo que ha significado la aparición de este concepto de persona en el pensamiento occidental, pero también puedes preguntarte, por ir rematando este tercer cuadro, si no habría que hablar de cuatro personas. A la luz de la fe trinitaria esta pregunta es absurda, pero si la persona es la misma relación subsistente y en el segundo cuadro se retrataban cuatro relaciones, ¿no habría que suponer la existencia de cuatro personas? La respuesta tiene que ver con un tema siempre difícil de encajar en la Teología Trinitaria: el papel del Espíritu Santo. Recordarás que en lo que se refiere al Espíritu Santo aparecían dos relaciones: la relación del Padre ante el Espíritu Santo (espiración) y la del Espíritu Santo ante el Padre (procesión). La primera, realmente, es relación, pero no es subsistente porque designa la referencia del Padre hacia el Espíritu, sin entrar en oposición con la paternidad ni con la filiación: el que espira al Espíritu no es otro Padre distinto del que engendra al Hijo. Es la segunda la realmente subsistente, porque conviene tan solo a una persona: al Espíritu Santo. Por tanto, solo tres relaciones subsisten como personas divinas: la paternidad, que es la persona del Padre, la filiación, que es la persona del Hijo, y la procesión, que es la persona del Espíritu Santo.

El cuarto y último cuadro del retablo de santo Tomás está protagonizado por el primer tema que llamaba la atención a san Agustín: las **misiones**, el hecho de que algunas personas sean enviadas. Recordarás que partía de la revelación del Nuevo Testamento y a partir de ella iba conduciendo su reflexión por las relaciones entre las personas hasta llegar a sus nombres. Santo Tomás ha partido de la analogía del ser divino con el agente intelectual, hasta llegar, por medio de las procesiones y las relaciones, a la caracterización de las personas divinas. Por tanto, a las misiones les queda el importante papel final: las misiones son las mismas procesiones divinas manifestadas libre y gratuitamente en el tiempo, de modo que la misión del Hijo (la Encarnación) manifiesta en el tiempo la generación del Hijo y la misión del Espíritu Santo (Pentecostés) manifiesta la procesión del Espíritu Santo.

Al ser enviados en estas misiones, que no se deben a una necesidad de Dios sino a su libre decisión de comunicarse, el Hijo y el Espíritu Santo se hacen presentes de un modo nuevo en donde ya estaban: en el mundo creado por ellas. Al hacerse visibles, las personas divinas responden a una necesidad de la naturaleza humana, pues es propio de ella que lo visible lo lleve de la mano a lo invisible. Así, puedan revelar quién es Dios, pues el enviado da a conocer visiblemente a quien le envía, de modo que, si el Hijo y el Espíritu Santo se han manifestado como enviados por el Padre, se muestra que proceden de Él, mientras que el Padre, que no es enviado, se muestra como principio último de las procesiones divinas. El orden de las misiones (que no son simultáneas), por otro lado, muestra el orden de las procesiones divinas (que sí lo son): tenía que llegar a su perfección la misión del Hijo (en el Misterio Pascual) antes de tener lugar la misión del Espíritu Santo, para que el Espíritu manifieste al Hijo como el Hijo al Padre. En todo caso, las misiones del Hijo y del Espíritu, aunque son distintas, no se pueden separar, de hecho, muchas veces se alude a ellas como una misión conjunta.

El Hijo es enviado como autor de la salvación y de la santificación (pues es principio del Espíritu Santo, que precisamente ha sido enviado como don de santificación, al ser persona-don que procede como Amor). A la naturaleza humana le conviene que el Hijo y el Espíritu se manifiesten en sus misiones según algunas criaturas visibles: la Humanidad de Cristo para el Hijo, el fuego o la paloma para el Espíritu Santo. Pero estas misiones visibles, que son la Encarnación y Pentecostés, no deben hacer olvidar que también hay misiones invisibles, como son la presencia de las personas divinas en el corazón de la persona humana por medio de la gracia.

La teología de san Agustín y la de santo Tomás son dos poderosas naves en las que, como has visto, es posible llegar muy lejos en las rutas que se adentran en el mar del misterio trinitario. A ambas recurriremos con frecuencia en el capítulo siguiente, en el que tendrás una carta de navegación que oriente tu navegación por el misterio de la Trinidad. Como han expuesto ambos navegantes, sin embargo, esta carta es limitada, e incapaz de mostrar en todos sus detalles las infinitas riquezas de sabiduría, vida y fecundidad que esconde el Dios Uno y Trino. No se puede cartografiar este mar, mucho menos sus abismales fondos. Pero, al menos, cada navegante podrá llevar esta carta orientativa para no extraviarse en su ruta, para esquivar a los piratas que nos acaban robando el mar y para tener la ventaja de conducir su propia reflexión en la estela de los grandes navegantes que le han precedido.

RESUMEN

- La Teología Trinitaria clásica queda enmarcada por san Agustín y santo Tomás de Aquino, quienes profundizan en el misterio del mar divino con una razón iluminada por la fe y fiel a la Tradición. Con sus reflexiones, quieren ayudar a otros a navegar a la mayor altura posible.

- La teología de san Agustín parte de las misiones: el Hijo (en la Encarnación) y el Espíritu Santo (en Pentecostés) han sido enviados al mundo. Eso es como un eco en la historia de la salvación de las relaciones de procedencia que se dan en la vida intradivina: el Hijo procede del Padre y el Espíritu Santo, del Padre y del Hijo.

- Se manifiesta así la riqueza de la vida intradivina y la pluralidad y distinción de personas. Salvaguarda, sin embargo, la unidad divina, pues todas las acciones al exterior de la Trinidad (en la historia de la salvación) son acciones de las tres personas.

- El hecho de que unas personas procedan de otras muestra que en Dios hay relaciones, más aún, la relación pasa de ser un simple accidente a constituirse como algo esencial: en el ser divino hay sustancia y relación. De las relaciones mana el sentido de los nombres divinos: Padre (Ingénito y Principio), Hijo (Verbo e Imagen) y Espíritu Santo (Don y Amor).

- La teología de santo Tomás se estructura en cuatro cuadros: procesiones, relaciones, personas y misiones. Las dos procesiones son los actos divinos en las que unas personas proceden de otras: la generación del Hijo y la procesión del Espíritu Santo. Las dos misiones son las dos procesiones manifestadas en el tiempo.

- Las procesiones definen cuatro relaciones, referencias mutuas entre las personas divinas: del Padre al Hijo (paternidad), del Hijo al Padre (filiación), del Padre al Espíritu Santo (espiración) y del Espíritu Santo al Padre (procesión, o espiración pasiva). Estas relaciones se dan sin dividir ni multiplicar la única y simplicísima esencia divina.

- Las tres personas son los sujetos que entran en las relaciones de oposición. La persona está constituida por las relaciones, simultáneas a su propia identidad. Por ello se entiende que el ser divino sea Amor, vida que consiste esencialmente en la comunicación y en la relación.

Capítulo 5

Una carta de navegación

Los dos grandes navegantes a quienes hemos seguido en el capítulo anterior nos han dejado lo que hoy se considera la teología clásica del misterio trinitario, por lo que resulta ser una carta de navegación asumible como punto de partida confiable y valioso para todos los tiempos. Ni san Agustín ni santo Tomás de Aquino agotan el misterio, ni son la palabra definitiva en lo que se refiere a Teología Trinitaria. Ciertamente, desde entonces y hasta hoy, ha habido muchos y fascinantes autores que han dedicado sus mejores tareas intelectuales a la reflexión sobre la Trinidad. Sin embargo, aunque no es un mapa definitivo, esta teología clásica es un punto de partida siempre válido, y una referencia fiable a la hora de organizar los conocimientos que podemos adquirir del mar divino, especialmente para nuestra tradición occidental.

Por ello, en la carta de navegación que podrás explorar en este capítulo se resumen las grandes aportaciones de san Agustín y de santo Tomás en lo que se refiere a la riqueza insondable de la vida intradivina. Después vendrá la presentación de las tres personas divinas, que son como las tres corrientes profundas en las que existe el mar inmenso de sabiduría, vida y amor que Jesucristo nos ha mostrado al revelarnos la Trinidad. Finalmente, la carta nos mostrará algunas coordenadas importantes para comprender la Unidad del ser divino.

Esta presentación no se hace con ánimo de ofrecer un mapa de Dios perfectamente lógico y bien señalizado. Esta advertencia se repite una y otra vez en este libro por dos motivos. El primero, por no convertirnos en piratas inconscientes, pues ya habrás comprobado que lo propio de los piratas es convertir el mar infinito en un lago tranquilo y a medida, en donde todo está claro y en donde las distancias y profundidades pueden ser medidas de forma racionalista, especialmente con la razón reducida que corresponda a la época o al ambiente de cada herejía. No se pretende, por tanto, con esta carta presentar el misterio infinito empaquetado en los límites de la racionalidad de nuestro tiempo.

El segundo, para anticipar la objeción de quienes piensan que adentrarse en el mar divino con la razón es poco menos que blasfemo, ya que en sus misterios solo nos puede llevar la fe ciega o el sentimiento individual de la piedad religiosa. Esta visión reductiva, que parece olvidar que un acceso humano a Dios no puede prescindir de la razón y la inteligencia, como tampoco puede hacerlo de la voluntad y el amor, suele considerar sospechosa de racionalismo frío e intelectualista toda reflexión teológica que pretenda ser razonable y sistemática.

El hecho de que los autores de las dos grandes reflexiones clásicas que tomamos como referencia hayan sido grandes santos y grandes maestros de la contemplación y la mística (más aún, el hecho de que hayan partido de la oración para elaborar su teología) es suficiente respuesta a esta objeción. Los grandes navegantes han sido autores de grandes mapas precisamente porque han iluminado su razón con el don de la fe y la han alimentado con su vida de piedad. Más que una reducción del mar divino a los sistemas racionales, san Agustín y santo Tomás muestran el equilibrio integral y completo que ha de seguir el acceso del ser humano al misterio de Dios, con la razón y con la fe.

Antes de empezar esta síntesis trinitaria puede ser interesante una observación final. En la teología clásica, muy próxima a la filosofía, se parte de la consideración del Dios Uno: la unidad e indivisibilidad de la esencia divina, sus modos de actuar y atributos y las características del monoteísmo cristiano. Después se pasa a la reflexión sistemática sobre el Dios Trino: la relación entre las tres personas y los rasgos de cada una de ellas. Así lo organizó santo Tomás en la *Summa*, y por tanto así se ha venido exponiendo a lo largo del tiempo en la teología occidental, que reconoce a este navegante como su valor de referencia.

Sin embargo, autores recientes prefieren el orden inverso, que es el que has visto anunciado poco antes en el plan de este capítulo. Primero se presenta el Dios Trino (la vida intradivina y las tres personas) y después el Dios Uno. El motivo fundamental, que no el único, es situarse más cerca de la revelación de Jesucristo que de los esquemas filosóficos. En efecto, es propio del Nuevo Testamento la revelación de las personas divinas y sus relaciones, a partir de las cuales ha de entenderse la peculiar unidad del Dios de Jesucristo, unidad que existe en la distinción de las tres personas. Se evita así separar en dos bloques (Dios Uno y Dios Trino) lo que debe ser contemplado unitariamente, y, por otro lado, se expone la unidad de Dios con la perspectiva dada por Jesucristo, y no con una presentación meramente filosófica válida, por otro lado, para cualquier monoteísmo.

Vamos por tanto a presentar nuestra carta según este orden, que parece más específicamente adecuado a la revelación escogida por la Trinidad para darse a conocer, sin olvidar por ello, ni mucho menos, tomar como punto de partida la aportación de los dos grandes navegantes que elaboraron el sistema clásico. Empezamos, pues, hablando de la vida intradivina y de las tres personas que la protagonizan, para dedicarnos después a la unidad de Dios.

El mar de la vida intradivina

En el sistema clásico, la narración de la vida intradivina sigue el orden propuesto por santo Tomás, partiendo de las procesiones y siguiendo por las relaciones, las personas y las misiones. A esta serie se añaden dos puntos más, uno en referencia a la individualidad de las personas divinas (las propiedades y las apropiaciones) y otro en referencia a su comunión (la mutua inhabitación de las tres).

En la vida intradivina tienen lugar unas acciones cuyo efecto queda en el interior de ella misma, como conviene a la infinita vida y fecundidad de Dios, quien no necesita de la creación para existir en plenitud de vida y relación. Estas **procesiones** son las acciones en las que unas personas proceden de otra: en la generación, el Hijo procede del Padre, y en su procesión, el Espíritu procede del Padre y del Hijo.

Estas dos procesiones configuran las **relaciones** que las personas tienen entre ellas: la paternidad, la filiación, la espiración activa y la procesión o espiración pasiva, como las definía santo Tomás. Por cada procesión, por tanto, hay dos relaciones: la de la persona que procede y la de la persona que es principio de la procesión). Las relaciones introducen en Dios la existencia de algo distintivo, y en oposición de referencia mutua. Por ejemplo, lo distintivo del Padre es la relación de paternidad ya que en lo demás es uno con el Hijo en la única esencia divina (dos sujetos distintos no son dos esencias diversas, como decía el pirata Arrio), pero eso mismo lo hace estar en referencia mutua al Hijo.

Con el concepto de relación se abre el camino a afirmar la distinción de personas sin menoscabo de la unidad. Por otra parte, la relación y la esencia de Dios son lo mismo, pues Dios no tiene accidentes, como observa san Agustín, y en Dios todo es simplicidad y perfección, como afirma santo Tomás. Esto manifiesta la realidad relacional del ser divino, que remite a su naturaleza de amor, que se entrega y se relaciona eternamente.

Precisamente apoyándose en la relación como lo que es distinto en la unidad de Dios, santo Tomás podía hablar de las **personas** como las mismas relaciones subsistentes. Este término tiene una prehistoria un tanto conflictiva que ya conoces: la *hypostasis* de los griegos podía confundir *persona* con *subsistentia, propopon* podía llevar a identificar a la persona con una mera *máscara*, el vocablo latino *persona* dejaba a san Agustín sin rematar la tarea, y, a la vez, sin poder encontrar otro término mejor. Sin embargo, la definición de santo Tomás encuentra la solución que ya conoces: persona es lo distintivo en una naturaleza, pero al ser la relación lo que distingue en Dios, la persona se identifica con la misma relación en tanto que subsistente. Por ello la paternidad es la persona del Padre, la filiación es la persona del Hijo y la procesión es la persona del Espíritu Santo. En virtud de las relaciones, las personas divinas quedan definidas individualmente y a la vez se muestran en una eterna comunión interpersonal. Lo primero se desarrolla en la idea de las propiedades y apropiaciones. Lo segundo, en la inhabitación mutua de las personas.

En efecto, las **propiedades** concretas de cada una de las personas se deducen de las relaciones de origen, por lo que se puede hablar de cinco propiedades (que a veces de denominan *nociones*). El Padre no es procedente de otro, por lo que le pertenecen las propiedades de la innascibilidad (no es engendrado) y la paternidad (engendra). El Hijo procede del Padre, por lo que la propiedad que le caracteriza es la filiación. Al Padre y al Hijo les corresponde la propiedad de la espiración, que es la única propiedad común a dos personas. Al Espíritu Santo, por último, le corresponde la procesión.

Estas cinco propiedades dibujan la vida intradivina, y se complementan con las **apropiaciones**, que son propiedades comunes a las tres pero que se refieren especialmente a una persona. Por ejemplo, la potencia, la sabiduría y la bondad son comunes a las tres personas (las tres son poderosas, sabias y buenas), pero, a la luz de lo revelado en la Sagrada Escritura, la potencia se puede apropiar al Padre, la sabiduría al Hijo y la bondad al Espíritu Santo, como hace santo Tomás. En definitiva, propiedades que corresponden a la unidad esencial de Dios se pueden aplicar a una determinada persona en virtud del modo con el que esta persona se ha presentado en la revelación.

Esto no impide, por otro lado, que, en las acciones al exterior de la vida trinitaria, como la creación o la santificación, pueda hablarse de una distinta actuación de cada una de las personas dentro del marco de su común acción. Por ejemplo, la creación, que es acción común de las tres personas por ser hacia el exterior de la Trinidad, suele apropiarse al Padre, que es quien viene denominado como Creador en el Credo Niceno-constantinopolitano. Pero puede percibirse también, a la luz del Nuevo Testamento, que cada persona tiene una actuación peculiar: el Padre como origen último de todo, el Hijo como mediador de la creación y el Espíritu Santo como aquel en quien todo existe y lo conduce a su consumación final. Esta actuación diferenciada de cada persona en la unidad de acción sugiere la distinción en la unidad que es propia de la vida divina. Y la tendremos en cuenta a la hora de exponer un tema fundamental del siguiente capítulo: la vida en el mar supone tanto la relación con el único Dios como el trato con cada una de las tres personas divinas.

Si una relación implica distinción entre personas, también conlleva la comunidad de vida. Hablando de las personas divinas, la distinción entre ellas conlleva un vínculo de unidad, de vida y amor de cada persona con las otras dos, por lo que completamos este viaje por la vida intradivina exponiendo la **inhabitación mutua** de las personas. Con este término se expresa que las personas están en relación (una frente a la otra) y a la vez comunión (una en la otra). En el Nuevo Testamento se revela una comunión íntima del Padre y del Hijo, de modo que el Padre está en el Hijo y este en el Padre, comunión que se extiende también al Espíritu Santo. Esta inhabitación mutua (que ha recibido en la tradición griega el nombre de *perichoresis* y en la latina el de *circumincessio*) es la presencia permanente, total e interior de unas personas en otras, con lo que sugiere una referencia más a la unidad absoluta del ser divino y a la distinción real entre las tres personas. Por ello, hablar de *distinción* es más propio que hablar de *diferencia* cuando nos referimos a lo propio de cada persona. En definitiva, la unidad divina es la unidad de la Trinidad, no la del Dios solitario monarquiano, y la distinción de personas implica una comunión absoluta entre ellas, no aquella arriana división en jerarquías.

Tres corrientes en el mar

Esta carta de navegación te ha ido mostrando las inefables maravillas que ocurren en las profundidades divinas, que se pueden vislumbrar, aunque no escrutar, gracias a las indicaciones que nos dejaron los grandes navegantes. Todo lo que ocurre en esta infinita y fecunda plenitud de sabiduría, vida y amor, viene protagonizado por las tres corrientes que nos descubría la revelación de Jesucristo, es decir, las personas del Padre, del Hijo y del Espíritu Santo. Es el momento ahora de tratar, aunque sea brevemente, los rasgos de identidad, el *quién es*, de cada una de estas tres personas.

El **Padre** se presenta como origen sin principio, y por tanto es quien sostiene la unidad en la Trinidad, pues es la fuente única del ser divino. Las tres personas poseen la única naturaleza divina, pero solo el Padre lo hace como fuente, dándola y nunca recibiéndola, siempre en relación con el Hijo y el Espíritu Santo. En la primera persona el *ser* y el *ser Padre* coinciden y, por tanto, el Padre es pura capacidad de donación y apertura. El Padre es la fuente del ser divino, y es también el amor fontal del Dios que se entrega, como se expresa en la generación del Hijo y la procesión del Espíritu Santo. Siendo origen sin principio, el Padre es también el principio de todo lo que existe, aunque nunca es principio al margen del Hijo y del Espíritu Santo. Y es que no hay Padre sin paternidad: el Padre lo es eternamente porque eternamente engendra al Hijo y con Él, y a través de Él, espira al Espíritu Santo. Nada hay en las personas divinas, hay que recordar con santo Tomás, que sea previo a la relación: el Padre, de hecho, es la misma paternidad subsistente.

El **Hijo** es la correspondencia a este amor del Padre, pues si toda persona divina existe en referencia a las otras, la relación del Hijo al Padre (la filiación) se hace especialmente manifiesta, en buena parte, porque es la más destacada en la revelación de Jesucristo: Jesús mismo se presenta como el Hijo, viviendo una personal y misteriosa relación con su Padre Dios. Esta filiación irrepetible evoca el ser de Jesús como Unigénito, que constituye su relación fundamental con el Padre, lo que nos conduce a considerar a la persona del Hijo como la misma filiación subsistente. Lo que ocurre en la vida de Jesús es como un eco en el tiempo de la relación eterna entre el Padre y el Hijo, marcada por el amor, como nos indica la frecuencia con la que el término *amado* se refiere al Hijo en el Nuevo Testamento. Y es que el Padre da todo lo que es y tiene, el ser divino, a su Hijo, en una corriente de amor de donación; el Hijo, a su vez, es corriente de aceptación y correspondencia a este amor fontal. De nuevo, la vida de Jesús manifiesta en el tiempo esta relación eterna, pues toda ella es entrega al Padre en la disponibilidad para hacer la voluntad de Aquel de quien procede: en este sentido, el Hijo es amado y amante, recibe y entrega.

El **Espíritu Santo** es entonces la corriente de comunión de amor entre el amante y el amado, entre el Padre y el Hijo, de quienes procede. Su carácter enigmático, como se observa en varios lugares del Nuevo Testamento, hace más difícil para nuestro lenguaje aproximarnos a su identidad como lo hemos hecho con la del Padre y la del Hijo, que son figuras más próximas a nuestro lenguaje habitual para las relaciones personales. Partiendo de su papel en el plan salvador de Dios, en donde el Espíritu Santo aparece reiteradamente como don entregado a la humanidad por el Padre y el Hijo, puede plantearse que el término *don* sea adecuado para referirse a la identidad personal del Espíritu Santo. Santo Tomás acepta este planteamiento, y concluye que el Espíritu Santo es el don eterno de Dios, que en la historia se hace donable a la humanidad. Por tanto, es rasgo personal del Espíritu Santo el ser donado, en donación irreversible y gratuita: el Espíritu Santo es la persona-don. Teniendo en cuenta que, por un lado, es un don entregado por el Padre y el Hijo y, por otro, que su efecto principal en la historia de la salvación es la comunión entre quienes lo reciben, es posible también considerarlo como la comunión entre el Padre y el Hijo. Así, el Padre y el Hijo están unidos por el don de ellos mismos, siendo el Espíritu Santo, consustancial a ambos, el amor en que los dos se unen. El Espíritu Santo es también, por tanto, la persona-amor. Siendo don y siendo amor, la persona del Espíritu Santo expresa la mayor intimidad de la vida intradivina, y deja además abierto el camino a la comunión de vida de Dios con su criatura, como veremos en el siguiente capítulo.

Es enigmático hablar del Espíritu Santo, como lo es hablar del don inefable del amor que se da en la unión de dos personas. Por eso terminamos esta parte dedicada a exponer la vida intradivina en las tres personas recordando el principio: la razón humana no elaborará nunca un mapa completo de este mar, pero al menos con esta carta podremos tener una ruta de partida para contemplar lo que en él sucede, y para adentrarnos en el conocimiento de las tres corrientes personales en las que existe.

El mar es uno

Esbozada la rica fecundidad de la vida de este mar y presentadas las tres corrientes que existen en él, conviene ahora pasear la mirada sobre el mar en su unidad, es decir, la atención se desplaza en este apartado a la consideración de la **esencia** del único Dios, para cuyo tratamiento convendría que repasaras algunos términos básicos de metafísica, como esencia, existencia o acto de ser. Como no podemos entrar aquí en la explicación de estos términos, empezamos directamente recordando que la existencia de tres personas divinas es simultánea al acto de ser de la única esencia divina, en la que se identifican esencia y existencia. Esta simultaneidad evoca la analogía con las corrientes marinas que se dan en la existencia de un único mar. Así lo habrás ido viendo en las páginas anteriores, donde varias veces se hace alusión a que la unidad de Dios se da en la existencia y relación mutua de las tres personas.

Es importante recordar esto al hablar de la unidad de Dios, porque puede ayudar a evitar dos ideas erróneas que en ocasiones elabora la limitada razón del ser humano. La primera es pensar que la unidad de Dios se da en su única naturaleza divina, y que esa naturaleza es anterior a las personas y condición de su existencia, como si las personas fueran el fruto de la única esencia divina. La segunda es pensar que la unidad divina es el resultado de un proceso de comunión de las tres personas, es decir, que es posterior a ellas.

Son dos ideas que encajan bien en el modelo humano de acceder a la realidad, pero que no tienen en cuenta lo propio de la revelación cristiana, tal y como lo has ido viendo hasta aquí. La única esencia divina no es previa ni posterior a las personas, sino que la unidad de Dios, el único Dios verdadero, es el Padre, el Hijo y el Espíritu Santo en su unidad. Por tanto, tan solo la mutua implicación de unidad y trinidad hace justicia a la plena revelación de Dios que se nos da en Jesucristo. El monoteísmo cristiano, el único Dios revelado por Jesús, tiene unos rasgos únicos, pues en Él la absoluta unidad del ser divino queda iluminada con el esclarecimiento de la distinción de las personas en Dios.

Junto a esta absoluta unidad, simultánea a la distinción de las personas, la esencia divina se caracteriza también por ser una realidad más allá de toda realidad, un modo de ser inefable e inaccesible a la razón humana, la realidad última que hace posible todo lo real. Y, por esta trascendencia, es imposible de conocer. Esta incognoscibilidad de la esencia divina es un nuevo recuerdo de que es imposible contener a Dios en los conceptos o imágenes desarrollados por la racionalidad humana, tampoco por el lenguaje de la fe, ya que solo Dios mismo puede expresar adecuadamente a Dios.

Sin embargo, la revelación de Jesús nos abre un camino en el que por la fe podemos vislumbrar un destello de la esencia divina, ya que en ella Dios es revelado como ser-amor. Lo más profundo del único ser divino, la esencia divina que no podemos abarcar y que nos trasciende con su misterio, se nos muestra veladamente en el amor. Esto nos sugiere que, así como el amor crea comunión, pero no elimina las diferencias, así la esencia de Dios-amor funda, a la vez, la más íntima comunión interpersonal que existe y la mayor distinción entre las personas que la constituyen.

Esta esencia divina, que en el Nuevo Testamento se revela como amor, se identifica con el perfecto acto de existir, y manifiesta la mayor perfección en el obrar. El obrar del ser divino, el amor mismo en acción, es incomprensible e inefable, como lo es su esencia. Entonces, ¿cómo describir el ser y el obrar del Dios-amor? Tan solo podemos hacerlo mediante un boceto dibujado con unos cuantos trazos, de modo similar a como un artista intenta plasmar una imagen del oleaje del mar con un lápiz tosco y un pequeño papel. Este dibujo no es perfecto, pero sugiere cómo es y cómo se mueve el mar. Los trazos de este dibujo que encontramos en la Sagrada Escritura y en las reflexiones de los grandes navegantes, son las propiedades de la esencia divina. Esta es infinitamente simple y a la vez infinitamente perfecta en su acción, por lo que para dibujarla habría que hacer un solo trazo infinito y perfecto, un trazo divino. Ante nuestra imposibilidad de dibujar ese trazo divino, tenemos que contentarnos con muchos trazos pequeños, que, por analogía, expresan con verdad algo de lo que Dios es: las propiedades de la esencia divina, que tradicionalmente se denominan **atributos** de Dios.

Pese a las amplias listas de atributos que encontramos en la Sagrada Escritura y en los teólogos, son infinitamente más las propiedades divinas que quedan por descubrir. Esto es un nuevo testimonio de cómo la inmensidad del ser divino sobrepasa las posibilidades de la razón humana. Como muestra de algunos de los atributos del ser divino que encontramos en la Sagrada Escritura podemos citar:

grandeza, fidelidad, omnipotencia, incomprensibilidad, omnipresencia, eternidad, santidad o invisibilidad. Santo Tomás, con un estilo cercano a la filosofía, cita ocho atributos en su exposición sobre la unidad de la esencia divina: simplicidad, perfección, bondad, infinitud, omnipresencia, inmutabilidad, eternidad y unidad.

Podrían prolongarse estas listas sin límite, como puede pasar al intentar dibujar las olas que se muestran en la acción del mar: resulta tarea imposible agotar los atributos que nos hablan de cómo es la esencia divina. Por ello santo Tomás sostenía que a la razón humana le es más asequible hablar de lo que la esencia divina *no es* que adentrarse a representar y calibrar los atributos que adornan el ser divino, que resulta tanto más misterioso cuanto más intensamente se revela. Es lo que ya conoces como *teología negativa*, una respuesta adecuada de la razón humana a la trascendencia de la esencia divina, inaccesible e inefable, trascendente a todas las esencias creadas.

Por ello, al comenzar este capítulo se recordaba el carácter precario y limitado de esta carta de navegación, que tan solo es un punto de partida para adentrarse en la contemplación de lo que es la unidad de Dios en la diversidad de personas. Aunque esta carta es compleja, resulta pequeña, como la concha de san Agustín; aunque ha sido perfilada con las aportaciones de grandes navegantes, viene a ser de paja, como la nave de santo Tomás. Sin embargo, puede ayudar a que la nave de tu fe sepa navegar con mejores referencias por este divino mar único y diverso, y sea capaz de profundizar cada vez más en su conocimiento y en su amor. En el siguiente capítulo encontrarás algunas sugerencias para lanzarte a navegar por este mar y llenarte de su vida.

RESUMEN

- La Teología Trinitaria se basa en la revelación de Jesús de Nazaret (contenida en el Nuevo Testamento y preparada en el Antiguo), en la Tradición de la Iglesia (Santos Padres) y en el Magisterio (Concilios), y se alimenta con los grandes doctores (san Agustín y santo Tomás).

- Toda síntesis debe desarrollarse en este marco de referencia, sin ser racionalista, aunque sea racional, y sin pretender ser exhaustiva, pues el infinito ser divino trasciende ilimitadamente a la razón.

- El orden habitual es partir de las dos procesiones como principio de referencia de las relaciones. La relación constituye a cada una de las personas divinas. Con la relación se afirma la distinción de las tres personas, pues todo lo demás lo poseen plenamente en la única e indivisible esencia divina. Las personas se identifican con la relación misma en cuanto subsistente, a la vez que existen en comunión interpersonal eterna.

- Del propio carácter de cada persona y de sus relaciones mutuas se deducen las cinco propiedades y las diversas apropiaciones de las personas. Esta distinción entre ellas no obsta para que toda acción al exterior sea común a las tres personas.

- La comunidad de vida de las tres personas divinas se expresa como inhabitación mutua, de modo que se da una presencia permanente, total e interior de unas personas en otras.

- El Padre es origen sin principio, y fuente del ser divino y, con el Hijo y el Espíritu Santo, principio de todo lo que existe. El

Hijo es correspondencia de amor al Padre, en aceptación de su donación, como amado y amante. El Espíritu Santo es la comunión de amor entre ambos, por lo que su identidad es ser don.

- La unidad de la única esencia divina es el Padre, el Hijo y el Espíritu Santo. De esta esencia, incognoscible, podemos descubrir algunas de sus propiedades en los atributos revelados. Pero de esta esencia divina se dice mejor lo que no es que lo que es.

Capítulo 6

El mar y la vida

En este último capítulo van a desembocar los canales y corrientes que han ido apareciendo a lo largo del libro que estás a punto de culminar. Comenzaba recordando la búsqueda por parte del ser humano de una realidad última y trascendente, que pueda saciar la sed de verdad y de bien que experimenta en su naturaleza. Ante diversos caminos limitados de acceso al mar, o frente a la negación de todo camino postulada por la secularización, aparecía la revelación de esta realidad buscada, a la que podemos llamar Dios, primero, en sus huellas y, después, en su propia presentación personal. Esta revelación sobrenatural, culminada en Jesús de Nazaret, Hijo de Dios y Señor del Espíritu Santo, muestra que ese mar último y sin límites tan buscado por el ser humano es el único Dios viviente, Padre, Hijo y Espíritu Santo.

Esta respuesta dada a la búsqueda humana por el mismo mar, que ha venido al encuentro del ser humano para abrirle un canal de acceso y conducirle a navegar por su vida misma, es tan valiosa que la Iglesia ha ido custodiando la revelación del Dios Uno y Trino a fin de que toda persona pueda acercarse a esta salida al mar verdadera y plena. Por eso se han dedicado varios capítulos a presentar cómo la revelación sobrenatural mostrada en el Nuevo Testamento se ha custodiado y aclarado ante las comprensiones insuficientes o erróneas que se han ido dando en la historia, hasta el punto de que sea posible tener una carta de navegación esencial para no equivocarnos de mar ni perdernos por sus misterios. Dentro de los límites propios de la razón y el corazón humanos, esta carta, que nos presenta un mapa verdadero de la esencia y de la vida íntima del Dios Uno y Trino, es un buen punto de partida para la reflexión personal que cada uno ha de hacer.

Una vez que la revelación sobrenatural se ha dado y que la Teología Trinitaria ofrece una reflexión fundamental sobre su misterio más secreto, es labor personal adquirir una nave bien preparada y un arte de navegar suficientemente fiable para poderse adentrar en este mar. No basta con reconocer el mar y acceder a su misterio, es necesario vivir en él y navegar por él para que la sed de infinito pueda ser saciada en la eternidad. La nave necesaria es la fe auténtica en el misterio de la Trinidad, tal y como se recibe de la Tradición de la Iglesia, pero el arte de navegar requiere una ulterior reflexión y cierto entrenamiento. Por ello el arte de navegar, de vivir en el mar, de incorporar a todas las dimensiones de la vida el misterio trinitario que se ha conocido, necesita una explicación adicional. A ella se dedica el capítulo que cierra este libro.

El mar es lo que importa

El Dios Uno y Trino se ha presentado como misterio último de la realidad, y a la vez como explicación, sentido y finalidad de la existencia del ser humano. Por ello, la aceptación de la revelación trinitaria, el progreso en su comprensión, es la tarea central en la reflexión teológica y en la propia vida de la fe, que queda plenamente iluminada cuando se vive en todas sus dimensiones la centralidad del misterio trinitario. De hecho, cuando este misterio se oscurece en la experiencia de la fe, sucede algo análogo a lo que se da al oscurecer la experiencia de la fe en los procesos secularizadores. Oscurecer el camino de acceso al mar, renunciando a la experiencia de la fe trascendente, termina confinando la experiencia humana a las pequeñas piscinas de los *ismos*. De forma similar, marginar el misterio trinitario en la reflexión sobre la fe y en su experiencia, oscurecer lo revelado por Dios sobre el misterio de su propio ser, termina causando cierta secularización en la vida cristiana, en el sentido de que muchas veces termina encerrándose en los límites de los propios sentimientos, intereses o proyectos. El patente empobrecimiento de la experiencia cristiana cuando se margina la fe trinitaria, que puede acabar confinada en piscinas emotivistas, utilitaristas o activistas, es lo que demuestra, de forma negativa, lo dicho al empezar esta sección: el mar es lo que más importa.

De forma positiva, sin embargo, hay que afirmar como punto de partida en este capítulo que lo primero que hay que tener claro para poder vivir satisfactoriamente en este mar, es que el misterio central en la fe y en la vida cristiana es el del Dios Uno y Trino. Gracias a la revelación, el ser humano ha podido conocer lo que Dios nos ha dicho de sí mismo, y por ello en el conocimiento de la Trinidad encuentra la fuente de todos sus misterios y la luz para comprenderlos. A la luz de la Trinidad, los distintos aspectos de la teología y de la vida cristiana aparecen en relación armónica. De esa luz viene el poder descubrir el nexo que une los misterios de la fe, que sin esa luz aparecen a veces inconexos entre sí.

Por ello a continuación se van presentando los distintos misterios y aspectos de la vida cristiana bajo el enfoque y con la luz del misterio trinitario, que es donde encuentran su unidad. La presentación detallada la encontrarás en otros manuales de esta colección, a los que nos referiremos, que abordan con método teológico las diversas dimensiones de la fe. Por tanto, nos limitamos aquí a recordar brevemente lo fundamental de cada dimensión, para que, mediante la reflexión y la profundización personal, cada uno asimile el arte de navegar en las diversas facetas de la experiencia de la fe.

Inmersión

La primera dimensión puede verse como la más interior de todas ellas: la vida cristiana es una experiencia personal de inmersión en la Trinidad. La aceptación de la revelación sobrenatural en la fe transforma a la persona mediante la acción unitaria en ella de las tres personas divinas. Así, recibe la paternidad de Dios al tomar parte, en el Espíritu Santo, de la filiación de Jesucristo, de tal forma que las tres personas divinas quedan sumergidas en aquel que por la fe se ha sumergido en ellas. Esta inhabitación del Dios Uno y Trino en la persona justificada, adoptada y santificada, es la dimensión más interna de la experiencia de la fe. Es, también, como una prolongación en la persona humana de la mutua inhabitación que tienen las personas divinas entre sí.

En esta inhabitación se recibe, en la medida en que es posible hacerlo en esta vida, la realidad última y trascendente de la vida divina, hasta el punto de que, por la gracia, como nos explica la Antropología Teológica, el ser humano es partícipe ya de la naturaleza divina y de la eterna vida de Dios. Y es que la gracia, como participación en la vida de Dios, nos sumerge en la intimidad de la vida trinitaria y nos transforma en Dios por amor, divinizándonos. Quien vive en gracia está unido a Cristo, como miembro de su Cuerpo, puede llamar verdaderamente Padre a Dios porque posee como hijo adoptivo la filiación de Cristo, y recibe la vida divina en el Espíritu Santo, que le infunde sus dones. En esta vida de la gracia el ser humano va saciando en esta vida la sed con la que fue creado por Dios, al hacerse capaz por ella no solo de encontrar el camino hacia el mar, sino de sumergirse en él y transformarse en él, para así colmar su aspiración ilimitada de verdad y de bien, a la espera de que la sed sea saciada definitivamente en la vida eterna.

Relación

La revelación de la trinidad de personas distintas en la unidad trascendente de la única esencia divina da un tono marcadamente personal a esta inmersión. Al sumergirse en la vida divina, el cristiano no se disuelve en un infinito anónimo, sino que vive en comunión de vida personal con el Padre, el Hijo y el Espíritu Santo. Tres personas distintas que se distinguen, precisamente, por la relación, ya que en todo lo demás son un mismo y único Dios. Por ello, el cristiano tiene abierto el acceso a relacionarse con cada una de las tres personas. Esta vida de trato personal con el Dios Uno y Trino, tan característica de la experiencia cristiana, se fundamenta en las tres virtudes teologales (fe, esperanza y caridad), y se realiza fundamentalmente en la oración y en la liturgia. Dado que la explicación de las tres virtudes teologales, esenciales para la relación con Dios, se presenta en el volumen dedicado a Moral Fundamental, aquí dedicaremos más atención a la oración y a la liturgia.

En referencia a la primera, la revelación de la Trinidad nos hace comprender que la oración cristiana no es la oración impersonal a una divinidad abstracta, sino un acceso personal al Padre por medio de Jesucristo, pues Él es el camino por el que el Espíritu Santo, que intercede por el orante, enseña a orar al Padre Dios. El Padre es el origen y la meta de toda oración, en la mediación del Hijo y bajo su Nombre, Jesús, podemos acercarnos al Padre, en un camino recorrido en la atracción del Espíritu Santo. Conviene recordar aquí que una obra característica del Espíritu Santo es incorporarnos a Cristo para conducirnos al Padre, acción que se realiza especialmente en la oración. El Espíritu Santo se recibe cuando se le pide al Padre por medio de Cristo, y esta es la primera manera de ponerse bajo su acción. Pero el Espíritu Santo fue ya reconocido en el Concilio de Constantinopla como digno de adoración y gloria, como consustancial al Padre y al Hijo, de ahí que en la oración cristiana la invocación directa a la persona del Espíritu Santo tenga también su lugar propio.

La Liturgia indicaba cómo las celebraciones de los sacramentos, especialmente, son la primera puerta de acceso al misterio trinitario y las fuentes en las que se recibe y renueva la participación en la vida divina. Por eso, en la Liturgia, la vida cristiana recibe plenamente la bendición del Dios Uno y Trino. En ella se reconoce al Padre y se le adora como fuente de las bendiciones derramadas en la economía salvífica. En ella, también, el Hijo, encarnado, muerto y resucitado, derrama el don que contiene todos los dones, la persona don, el Espíritu Santo. En sus dones, la infinita fecundidad de la vida intradivina vivifica a la persona humana. La relación vivificadora de esta con las tres personas divinas, por tanto, encuentra en la Liturgia su fuente y su culminación.

Comunión

Las tres personas divinas, en su distinción, existen en comunión de vida, dado que la esencia divina se revela como amor. Las distinciones en las personas divinas se abren a la relación y a la comunión, y es en base a esa apertura en donde el ser humano recibe la capacidad de acceder a la unión con Dios y, por ello, de vivir en comunión con los demás. La expresión humana de la comunión de la vida intradivina se muestra en la Iglesia, en donde se realiza de forma perfecta la realización de la persona humana en la relación y la comunión. La paradoja entre distinción y comunión se resuelve en el misterio de la vida trinitaria, y se visibiliza en la comunión de la Iglesia, que desde los primeros siglos es definida como el pueblo unificado en la unidad del Padre, del Hijo y del Espíritu Santo, como nos dice la Eclesiología.

Para una adecuada comprensión de la dimensión comunitaria de la experiencia cristiana, por tanto, conviene contemplar el misterio de la Iglesia a la luz de la revelación trinitaria. Así, la Iglesia se percibe como un pueblo convocado por Dios Padre, preparado en el pueblo de Israel durante la Antigua Alianza y abierto a la humanidad entera en virtud de la Nueva. La vida en este pueblo comienza con la incorporación al Cuerpo de Cristo por el Bautismo, de modo que la comunión de la Iglesia se fundamenta en el Hijo, y lo hace por el Espíritu Santo, que habita en la Iglesia como en su templo. El Espíritu de Cristo es el alma que unifica la Iglesia y el principio de su acción vital, exterior (en los sacramentos) e interior (las virtudes y carismas).

Consumación

El camino de la experiencia cristiana busca como meta el mar que se ha mostrado en la revelación del Dios Uno y Trino, quien se manifiesta, por tanto, como la finalidad y consumación de la existencia humana. En esta meta se encuentra lo buscado, se sacia eternamente la sed de verdad y bien y se alcanza la realización perfecta de la persona humana. Por ello, profundizar en el conocimiento de la Trinidad es importante para que conozcas, aunque sea en la limitada medida que nos es posible, el destino final al que se están encaminando todos tus pasos: la vida eterna, que es comunión plena, simultánea y definitiva con la Trinidad.

Al utilizar en la Escatología la palabra Cielo para referirse a la vida eterna, entonces, se ha de entender este como la vida perfecta con la Trinidad, en comunión de vida y amor con ella y, por tanto, con todos los santos. En este Cielo, que es comunión trinitaria, se encuentra el fin último del ser humano y la realización de sus aspiraciones más profundas. A este objetivo estratégico tiende la economía en la que Dios se ha revelado para salvar su obra: desde la Creación hasta la consumación de todo en el misterio de la Trinidad.

Mar adentro

Con estas palabras Jesús marca la dirección en la que deben remar en su nave los que acogen su revelación. Marcan, por tanto, la tarea personal a emprender después de leer este libro: profundizar en la experiencia trinitaria a través de las diversas dimensiones de la experiencia cristiana. Con estas últimas secciones tienes expresada en forma trinitaria los contenidos fundamentales de algunas de ellas, aunque dado el tamaño y alcance del libro no se pueden incluir todos. Quedaría a tu reflexión personal, por ejemplo, a nivel filosófico, lo que podría suponer la revelación de la Trinidad para la consideración de la persona humana como relación y comunión, para fundamentar la primacía de la persona en un contexto cada vez más despersonalizador o para contemplar el amor como la mayor plenitud de ser.

Las dimensiones que acabas de leer, sin embargo, te pueden sugerir un amplio espacio para entrenarte en el arte de navegar por la fe, de vivir en la infinitud del mar divino y de profundizar cada vez más en su conocimiento y en su amor. Tras la lectura de este libro, además, habrás reconocido tu sed de esa vida ilimitada, habrás aceptado que es posible encontrar una salida a ese mar, habrás descubierto el canal que el mar mismo ha dejado abierto para que te encamines a él, habrás aprendido a defenderte de los piratas, te habrás enriquecido con la experiencia de los grandes navegantes que ya lo han surcado y tendrás enmarcada una carta de navegación para orientarte en lo esencial y, sobre todo, para no extraviarte ni encallar.

A orillas del Mar de Galilea Jesús comenzaba su revelación, y a sus orillas ponía también el punto final, según nos la relata el cuarto evangelio. Ante el mar divino ponemos también el último párrafo de este libro, que te deja ya situado ante los horizontes del Dios Uno y Trino. Falta tan solo que escuches con luz nueva estas palabras de Jesús y emprendas la exploración del mar único del Padre, el Hijo y el Espíritu Santo, viviendo y navegando ahora en su infinito y compartiendo sus corrientes y tesoros en la eternidad.

RESUMEN

- El misterio del Dios Uno y Trino revelado en Jesús de Nazaret se hace presente en todas las dimensiones de la vida cristiana, y les da su identidad fundamental. Es el misterio central de la fe y debe constituir el núcleo de las diversas ramas de la teología.

- La Trinidad inhabita en el creyente por la gracia, haciéndolo partícipe de la naturaleza y la vida divina.

- La oración y la liturgia están marcadas por la presencia de las tres personas divinas como único Dios, y por la relación con ellas.

- La comunión de las tres personas divinas es el fundamento de la dimensión comunitaria de la experiencia cristiana. Esta encuentra su consumación por la participación de vida intradivina en la vida eterna, donde toda sed se sacia perfectamente y toda capacidad alcanza su plenitud en el mar divino.

Otros títulos de la colección

UN CAMINO POR DESCUBRIR
Introducción a la Teología
Fulgencio Espa Feced

LA PEREGRINACIÓN DE LA GRACIA
Moral Fundamental
José Manuel Horcajo

TODO HABLA DE ÉL
Cristología
Fulgencio Espa Feced

LA GRAMÁTICA DE DIOS
Introdución a la Sagrada Escritura
Sonia Ortega

CRÓNICA DE UNA ALIANZA
Antiguo Testamento
Antonio de la Torre

LA PROMESA CUMPLIDA
Nuevo Testamento
Tomás Olabarri

SEÑALES DE DIOS
Teología Fundamental
Antonio Fernández

EL OBRAR DE DIOS
Liturgia e introducción a los sacramentos
Marcos Torres

SEMEJANTES A DIOS
Teología espiritual
Marcos Torres

EL REINO DE DIOS Y SU JUSTICIA
El derecho de la Iglesia
Nicolás Álvarez de las Asturias

AGUAS PROFUNDAS
Los 7 sacramentos
Miguel Forcada

UNA VIDA LOGRADA
Moral de la Persona
José Luis Méndez y Juan Barbeito

COMO EL ALMA DEL MUNDO
Moral Social y Doctrina Social de la Iglesia
Gregorio Guitián

UNA ANCIANA MUY JOVEN
Historia de la Iglesia
Gonzalo Barbed

DE MADRE A DISCÍPULA
Introducción a la Mariología
Fernando del Moral Acha

CREADOS A SU IMAGEN
Antropología Teológica I
Isabel Saiz Ros

UN PASEO POR OTRO MUNDO
Escatología
Miguel Forcada

UNA BARCA PARA EL CIELO
Eclesiología
Antonio Fernández Velasco

Mantente actualizado/a